HSU WHAT IS HAPPINESS FOR HUMANS?

幸福の科学「大学シリーズ」23

人間にとって幸福とは何か

本多静六博士
スピリチュアル講義

大川隆法
RYUHO OKAWA

※幸福の科学大学（仮称）は、2015年開学に向けて、設置認可申請中です。
構想内容については、変更する場合があります。

本霊言は、2014年5月22日、幸福の科学総合本部にて、
質問者との対話形式で公開収録された（写真上・下）。

まえがき

いい本だと思う。今の日本人にしっかり読んでほしいし、世界各国の未来ある人たちにも読んでほしい。

心の力を最大限に生かして、「努力即幸福」の境地に達した偉人が、私たちの祖父世代の日本人として実際に生きていたのだ。

本多静六博士の元気一杯のスピリチュアル講義を聞くと、もう一人の二宮尊徳を見出《みいだ》した気がする。私の子供時代には、各小学校にまだ二宮尊徳が歩きながら本を読んでいる金次郎時代の像が建っていたが、（交通事故を怖《おそ》れてか）次第《しだい》に少なくなって、また最近では増えつつあるらしい。

二宮尊徳や本多静六の偉いところは、勉強が努力の習慣や実学上での成功を生み、「努力で超えられないものはない」と感動させるところだろう。スマイルズの「自助論」の精神の日本版ともいえる本書が、若者を始めとする、心ある人々に一冊でも多く読まれることを祈る。

二〇一四年　六月六日

幸福《こうふく》の科学《かがく》グループ創始者兼総裁《そうししゃけんそうさい》
幸福《こうふく》の科学大学創立者《かがくだいがくそうりつしゃ》　大川隆法《おおかわりゅうほう》

人間にとって幸福とは何か　目次

人間にとって幸福とは何か
―本多静六博士スピリチュアル講義―

二〇一四年五月二十二日　収録
東京都・幸福の科学総合本部にて

※幸福の科学大学（仮称）は、2015年開学に向けて、設置認可申請中です。
構想内容については、変更する場合があります。

「霊言現象《れいげんげんしょう》」とは、あの世の霊存在の言葉を語り下ろす現象のことをいう。これは高度な悟《さと》りを開いた者に特有のものであり、「霊媒現象《れいばいげんしょう》」（トランス状態になって意識を失い、霊が一方的にしゃべる現象）とは異なる。

なお、「霊言」は、あくまでも霊人の意見であり、幸福の科学グループとしての見解と矛盾《むじゅん》する内容を含《ふく》む場合がある点、付記しておきたい。

人間にとって幸福とは何か

―本多静六博士スピリチュアル講義―

二〇一四年五月二十二日　収録

東京都・幸福の科学総合本部にて

本多静六《ほんだせいろく》（一八六六～一九五二）

日本初の林学博士《りんがくはくし》。造園家。日本の「公園の父」と称される。現在の埼玉県に生まれる。東京山林学校（現・東大農学部）卒業後、ドイツへ留学して経済学博士号を取得。帰国後、東京帝国大学助教授を経《へ》て教授となり、大学で教鞭《きょうべん》をとりながら、水源林や鉄道防雪林の創設や、日比谷公園をはじめ、多くの公園の設計など、近代日本の建設に大きな貢献を果たした。また、「四分の一天引《てんび》き法《ほう》」を説き、大学教授でありながら巨富《きょふ》を築いた「蓄財《ちくざい》の達人」としても有名。

質問者　※質問順

綾織次郎《あやおりじろう》（幸福の科学 上級理事 兼「ザ・リバティ」編集長）

宇田典弘《うだのりひろ》（幸福の科学 幸福の科学大学※開学推進担当常務理事）

吉川枝里《よしかわえり》（幸福の科学 第五編集局長）

［役職は収録時点のもの］

※幸福の科学大学（仮称）は、2015年開学に向けて、設置認可申請中です。
構想内容については、変更する場合があります。

1　現代の人にも手本となる「本多静六の生き方」

「本多博士の霊言が欲しい」という要望に応える

大川隆法　先般、セミナーを行ったとき、信者さんに今後聴きたい話を募《つの》ったところ、「本多静六博士の霊言が欲しい」という声がありました。
「あれ？　出ていなかったのかな」と思って調べてみると、どうもないらしく、ちょっと驚《おどろ》きました。説法では、ときどき本多静六に言及《げんきゅう》していたので、あるように思っていたのですが、まだ出ていないということなので、「それなら出しておいたほうがよいかな」と思いました。

（『本多静六の努力論』を手に取って）これは、当会の編集のほうで、昔の本多先生の本から重要なところを抜き出し、現代語訳して出した本です。この一冊で枢要《すうよう》な部分はだいたい分かると思います。

また、分かりやすくできていると思います。

『本多静六の努力論』
本多静六著
（幸福の科学出版刊）

米つきをしながら勉強に励《はげ》んだ子供時代

大川隆法　本多静六について概要をざっくりと説明しましょう。
一八六六年生まれですから、吉田松陰《よしだしょういん》死して六年後、坂本龍馬が斬《き》られる前年にお生まれになった方です。少しよくない譬《たと》えだったかもしれませんが、私より九十歳年上で、明治時代の方です。

埼玉県の生まれで、生まれたときは裕福な農家だったのですが、十歳の頃《ころ》、父親が急に亡くなり、一家は大きな借金を背負うことになって、生活が窮迫《きゅうはく》します。かなり悲惨《ひさん》な状況になったようです。

静六は、家の手伝いをしながら勉強していたようですが、この人の本を読むと、よく「米つき」という言葉が出てきます。

米つきとは、玄米《げんまい》をついて白米にすることですが、昔は、手で支え、足で踏む脱穀機《だっこくき》のようなものを使っていました。私の子供の頃も、近所の農家には、足で踏みながら精米《せいまい》する道具があったのを覚えています。

要するに、静六は、これをしながら勉強していたのです。「部屋に糸を張って、そこに本を置き、本を読みながら米つきをしていた」ということで、一挙両得《いっきょりょうとく》というか、同時並行処理をやっていたようです。

数学で落第点を取るも、猛《もう》勉強をして克服《こくふく》する

大川隆法　ただ、本を読むのはいけるのですが、数学の問題を解いたりすることは、さすがに難しかっただろうと思われます。

その後、「勉強がよくできた」ということで、東京山林学校（現在の東大農学部）に入ったのですが、ビリで合格して、秀才があまりに多いので、少しショックを受けたらしいのです。

そして、一学期、理系なので、おそらく必修科目だったと思われますが、代数と幾何《きか》で見事に落第点を取ってしまいます。東大の合格点は、今も昔も、百点満点の五

東京大学農学部・農正門

十点以上ですが、彼は二科目とも四十五点で、五点足りずに不合格になって、一学期に落第したのです。

やはり、米つきをしながらの勉強では、とても足りなかったということです。

今でも、田舎《いなか》から東京へ出てきた人は、小学生が難しい塾に通って私立中学を受験しているのを見て、びっくりしています。あるいは、中高一貫校で、進度の非常に速い勉強をしているのを見て、びっくりする人もたくさんいます。まあ、そういうものに似た感覚でしょうか。

そして、静六は、「郷里《きょうり》の期待を背負って出てきたのに、ビリで入学し、さらに、一学期に落第してしまった。保証人になってくれた先生にも申し訳ない」ということで、世をはかなみ、古井戸《ふるいど》に飛び込んで死のうとしたのです。これは有名な話です。

しかし、米つきで鍛《きた》えた腕が、古井戸の途中で何かに引っ掛かってしまい、落ちることができませんでした。途中で止まってしまって、死ねなかったのです。「死に損《そこ》なった」ということで、彼は、しかたなく井戸から這《は》い上がり、「死んだと思えば、何でもやり直すことはできるか」と思い直します。

そうして、保証人になっていた先生のところへ行き、「実は、かくかくしかじかで落第点を取りました」と言って、お詫《わ》びをし、成績表を見せると、その先生は、「数学の二科目だけ五点ほど足りずに落ちているが、あとは合格点を超えているから、このくらいなら勉強すればいけるだろう。この件は、私の心に納《おさ》め、家には報告しないでおくから、もう一回やり直せ。落第したから半年遅れになるが、頑張ってやれ」というように言ってくれ、先生の胸に納めてくれたのです。

その後、猛《もう》勉強して、千題もある代数や幾何の問題集を必死になって解いたら、二学期から、数学のテストは満点の続出になりました。数学の先生からは、「おまえは天才だから、もう授業に出なくてよろしい」と言われ、静六は、「なんだ。

天才というのは、努力した人のことを言うのか」と、悟りを開いたらしいのです。「頭が悪いので、自分はもう駄目《だめ》だと思っていたのに、問題を千題ぐらい解いたら、次々と満点になってしまった」ということで、ちょっと驚きですが、これは現代の学生にも知ってほしいエピソードなので、あえて申し上げました。

現代には、いろいろな受験があります。中学受験、高校受験、大学受験等たくさんあり、成績が悪くて試験に落ち、希望の学校へ行けなかった人も大勢いると思います。そういう人は、「その時点で、頭の判定は終わった」と思っているかもしれませんが、本多静六の人生を見てみれば、「そうではない」ということです。

落第して、「死のう」とまで思った人が、問題集を一生懸命に解いたら、あっという間に満点続きになり、「もう授業に出てこなくてもいい。おまえは天才だ」と言われるところまで、変わってしまったわけです。これは嘘《うそ》ではない話です。

米つきをしながらの勉強だったために、学力が足りず、一学期、勉強しただけでは、実際上は追いつけなかったのでしょう。しかし、「やり直したら、できた」ということです。これを知っておいていただきたいと思います。

成績が悪いために、世をはかなむ人はたくさんいると思いますが、「勉強は、努力で超えられないものではない。生まれつきの才能なんかで、決まっているものではない」ということです。「長く一生懸命にやったものは、やはり、できるようになる」ということです。

二学期以降は、今度は「数学の天才」ということになって成績がよくなり、さらには、いろいろな科目も全部できるようになり、やがて、首席というか、「銀《ぎん》時計組《どけいぐみ》」（天皇から褒章《ほうしょう》として銀時計が授与された成績優秀者のこと）に入ったのです。

ドイツ留学を条件に、本多家へ婿養子《むこようし》として入る

大川隆法　当時、静六の生家《せいか》は、家が傾《かたむ》いていて、お金がありませんでした。さらに勉強を続けたくてもお金がない場合、昔は、「お金持ちの娘と結婚して入婿《いりむこ》になり、学資を出してもらって留学する。あるいは、大学院に行く」というのが、一般的な方法でした。湯川秀樹《ゆかわひでき》博士なども、そうです。

そこで、静六も、養子に入ることになります。

相手は、彰義隊《しょうぎたい》の頭取《とうどり》（隊長）をしていた人の娘です。その女性は、明治時代の医学校を出た才媛《さいえん》で、「頭がよすぎて、もらい手がない」という人でした。当会にも、そういう女性はたくさんいるかもしれません。

頭がよすぎるために、どのような男性でも物足りなく感じ、結婚する気が起き

ないというわけです。明治時代の女医さんであっても、そのくらい頭がよかったのだろうと思います。

そういうことで、静六は、本多家に入ります。本多というのは、実は、婿養子先の名前なのです。

戊辰《ぼしん》戦争のとき、上野の山に立てこもった彰義隊の隊長をしていた人が、「大学の首席を婿に取りたい」と言うので、静六に白羽《しらは》の矢が立ち、彼は本多家でお見合いをすることになりました。

「断られよう」と思っていた静六は、できるだけ嫌われるようなことをしようとします。普通、お見合いだと、恐縮《きょうしゅく》して、おとなしく振る舞うものですが、彼は、本多家に上がると、出てきた料理をすべて食べ、こんなものでは足りないとばかりに、見合い相手のご飯まですべて平《たい》らげたのです。

そうした行儀《ぎょうぎ》の悪さを見せて、「ここまでやったから断られるだろう」と思ったら、向こうは、「なかなかの豪傑《ごうけつ》だ。こういう男こそ頼もしい。これが求めていた相手だ」ということで、諦《あきら》めてくれず、断っても断っても追いかけてくるのです。

「何としても、娘をもらってもらわないと困る。ほかに、もらってくれる人はいない」ということで、強引に結婚させようとするのです。

そこで、静六は条件を付けて、「それなら、ドイツに留学したいので、留学資金を出してくれますか」と言うと、向こうは、「分かった。全財産をはたいてでも留学させる」と言って、それを受けてくれたのです。

こうして、静六は、結婚して本多家に養子として入り、銀時計組として大学を卒業後、ドイツの大学に留学しました。

四年の計画を繰《く》り上げ、わずか二年で博士号《はくしごう》を取得

大川隆法　ところが、留学中、資産家だった本多家の銀行預金がパーになってしまうということが起きました。留学資金を預けていた銀行が突如《とつじょ》破産してしまったのです。

それで、「すまないが、送金できなくなった。そちらで何とかして、卒業してくれ」という話になり、「大変なことになった。これはもう、猛勉強して、予定を繰《く》り上げて出るしかない」ということで、「博士号《はくしごう》を、四年ではなく二年で取る」という難題に挑戦するのです。

まず論文は無事通過しましたが、次に面接というか、口頭試問《こうとうしもん》がありました。その際、「今まで、ドイツ人でも、二年で博士号を出したケースはない。二年で

日本人に博士号を出せるのか」ということで、教授間で揉《も》めたのですが、好意的な教授が「一応、論文は通っている。できなければ口頭試問で落とせばよい」と主張してくれて、受験が許可されるのです。

その上、その好意的な教授は、「口頭試問では、財政学のブレンターノ教授が非常に意地の悪いことを言って、落とそうとするから、あの先生の本だけは気をつけたほうがよい」ということを注意してくれたのです。

そこで、静六は、ブレンターノ教授の講義の種本《たねほん》を丸暗記します。二百五十七ページもある財政学の本を、一字一句違《たが》わないところまで覚えて口頭試問に臨《のぞ》み、見事、突破するのです。

さらには、「大講堂にて、大勢の人の前で、ドイツ語の演説をぶたなければいけない」という伝統がありました。

そこで、静六は、デモステネス（古代ギリシャの政治家・雄弁家《ゆうべんか》）のまねをして、冬、滝の下へ行き、雪のなかに立ち、鳴り響く滝に向かって、ドイツ語で演説する訓練をしたのです。本には、「最後は、滝が鳴り静まったかのように思えた」と、禅《ぜん》のような話まで書かれていますが、昔の人の根性《こんじょう》物語を見るようで、何《なん》とも言えないものがあります。

東京山林学校にビリで入って一学期で落第した人が、首席で卒業して、さらに、ドイツ留学をして二年で経済学博士を取り、日本に帰ってきたら二十五歳で東京帝国大学の助教授になったのです。とんでもない大出世です。

実は、助教授ではなく、教授の話が来ていたのですが、静六は、「いくらなんでも早すぎる」と思って、遠慮したのです。しかし、そのために、教授になるのが遅れ、「これだけは損をした」ということを、彼は本に書いています。

毎日原稿を書く習慣を身につけ、生涯《しょうがい》で三百七十冊以上を執筆

大川隆法　本多静六の義父は豪傑な人でしたが、奥さんも豪傑というか、豪気な人だったようです。

また、戦前でありながら、十九回も私費で海外渡航をしたと言われています。

それから、本を三百七十冊以上も書いています。昭和二十七年に亡くなっているので、戦後に書かれた本も少しありますが、「あの時代に、それだけの本を書く」というのは、すごいことです。今でも、そう簡単に書けるものではありません。

昔の原稿用紙は、今よりも少し字数が多いのですが、彼は、毎日、原稿用紙一ページ以上の文章を書いていました。旅行したりしてノルマが果たせなかったときは、一日三ページとか書いて取り戻すようにしていたのですが、そうこうする

うちに、一日三ページ書く習慣ができ、それをずっと続けていったら、結局、三百七十冊もの本を書くことになったわけです。

私が説いているとおり、習慣の積み重ねというのは〝恐ろしい〟もので、いったん習慣ができて、機械的にやり続けていると、そうとうなものができるのです。

まあ、そういうこともされています。

本多静六については、いろいろなエピソードが山のようにあるので、各自でまた勉強していただきたいと思います。私も、彼の三百七十冊の著書すべてを読むことはできませんが、十数冊ぐらいまでは手に入れて読みました。

今は、新しく焼き直した簡略な本はありますが、当時のものは売っていません。

そこで、私は、秘書に図書館で昭和二〇年代ぐらいに出た本のコピーを取ってもらい、それを製本したものを十数冊、繰り返し読んだのです。

ただ、今は、(『本多静六の努力論』を手に取って) このような便利な本も出ているので、考え方は分かりやすいと思います。

「明治神宮の森」「日比谷公園」等にも関わる

大川隆法　本多静六は林学《りんがく》博士で、森林の専門家ではありますが、公園学の日本の泰斗《たいと》というか、発明家です。

東京には、公園が非常に多くあり、立派な公園が多いのですが、本多博士がそうとう関わっているのです。例えば、明治神宮の森にも関わっていますし、それから、幸福実現党が集会およびデモをよくしている日比谷公園にも関わっています。

明治神宮の森

私は、日比谷公園あたりに行くたびに、本多静六のことを思い出します。日比谷公園には池がありますが、岸辺から数メートルは非常に浅くつくってあるのです。これは、本多静六の発案です。

「ここに池をつくったら、飛び込んで自殺する人が出るに違いない」という声があったため、彼は、「自殺する人は、ドボーンと勢いをつけて飛び込むのが〝快感〟で、飛び込むのだ。だから、飛び込めないようにすれば、人は自殺しない」と考えたわけです。

岸辺のあたりは、膝《ひざ》ぐらいまでしか水が来ないような浅さにしてあれば、「ジャブジャブと池に入っていきながら、飛び込む」というかたちになりますが、それでは勢いがないものだから、「池に落ちて水死する」ということが、なかなか

日比谷公園

できないわけです。

彼の設計のおかげで、公園ができて以来、日比谷公園の池で自殺をした人は一人もいないらしく、私は、あそこを見るたびに、いつも「知恵というのは効《き》くものだな」と思うのです。

確かに、「浅瀬からジャブジャブと入って、飛び込んで死ぬ」というのは、できないものでしょう。やはり、高い所からドボーンと飛び込んで、死にたいものなのかもしれません。だから、それをつくらなかったわけです。彼は、そういう知恵のあった人です。

明治神宮の森をつくり、いろいろな公園をつくり、それ以外にも、植林を含《ふく》め、いろいろな山林をつくっています。また、鉄道の計画や、関東大震災後の東京復興計画にも関わっています。

「蓄財《ちくざい》の法」を実践し、東大教授でありながら大金持ちになる

大川隆法　さらに、彼は、財政学もやっていたので、個人的には利殖《りしょく》にも強く、株や、値上がりする土地や山林など、いろいろなもので利殖していました。その結果、東京帝国大学教授にはあるまじき、「淀橋税務署《よどばしぜいむしょ》管内ナンバーワンの高額納税者」になります。

ただ、同僚から嫉妬《しっと》され、「学者の給料は安いはずだ。そんなに儲《もう》かるわけがないから、どこかから賄賂《わいろ》か何かをもらって、いかがわしいことをしているに違いない」というように疑われたのです。このことは、出世に少し引っ掛かったようです。

ところが、奥さんが帳簿《ちょうぼ》を全部ビシッとつけていたので、それを積み上げ、

「これ、このとおり」と見せたところ、疑っていた人たちは、「ここまで綿密に記録をつけているなら、疑ったほうが悪かった」と謝ってくれ、みな、敵から味方になってくれたらしいのです。そういう話も、彼の本には書いてあります。

このように、本多静六は、「蓄財《ちくざい》の法」を勉強した人でもあります。渡部昇一《わたなべしょういち》さんも「本多式四分の一天引《てんび》き法《ほう》」を紹介されていたと思いますが、実は、このもとは仏教のお釈迦《しゃか》様が推奨《すいしょう》した考え方であり、仏典を読んでいる人であれば、知っていることなのです。

お釈迦様は、在家の人に、「自分の収入を何分割《なんぶんかつ》かして、『今の生活のために最低限必要なお金』と『ほかの人に分け与える部分、つまり、分福《ぶんぷく》する部分の財』と『将来のためにとっておくお金』とかいうように使い分けるとよい」ということをアドバイスしています。そういうことを説いているお経《きょう》があるのです。

本多博士もこの三福《さんぷく》（惜福《せきふく》・分福・植福《しょくふく》）を言っているし、幸田露伴《こうだろはん》もそれに言及していますが、もともと仏教に出ている教えであるのです。

彼は、それを実践して、安い給料から四分の一を天引きしてお金を貯め、さらには、利殖を上手にやって蓄財し、大金持ちになったわけです。

東大教授で大金持ちになった人というのは、あとは聞いたことがありません。比較的お金持ちになった人としては、本多静六の本を紹介したこともある地球物理学者の竹内均《たけうちひとし》さんがいます。近年亡くなられましたが、生前、受験参考書などをたくさん書き、かなりベストセラーになったので、お金を貯めて東大に寄付したりもされたようです。ただ、本多静六ほどの大金持ちになったようではないと思われます。

本多静六は、そういう蓄財法も明らかにしたので、学者仲間から少し敬遠《けいえん》されたところもありますが、ありがたい話ではあります。「職業によって、お金持ちになるとか、貧乏になるとかが決まるものではない。考え方で決まるのだ」ということです。

本多静六は、時代を変えて生まれた二宮尊徳《にのみやそんとく》のような人

大川隆法　もし欧米《おうべい》に生まれていたら、そうとうな人になったでしょう。そうという手本になる人だろうと思うので、こういう人の業績を後世に伝えないのは、まことに残念であると思います。

時代を変えて生まれた二宮尊徳《にのみやそんとく》のような人なので、この精神を失うと、日本は、財政赤字になり、社会福祉が強くなり、「自分で備《そな》えができず、老後の生活も病後の生活もみな税金にお世話になり、他人様《たにんさま》に迷惑をかけるようなタイプの人間」ばかりになる可能性が高いのです。

ですから、「個人の努力は、どの程度まで人を成功に導くか」ということや

「幸福は自分でつくれるものである」ということを、もっともっと知ってもらいたいと思います。

この人は〝スーパーマン〟であり、とてもではないけれども、まねはできないでしょうが、一つの北極星のような存在ではあります。「学問をやり、さらにプラグマティック（実用的）な知恵にも精通したら、この世で成功していくことができるのだ」ということを、絵に描《か》いたような人なのです。

幸福の科学大学ができますが、学生には、ぜひとも、本多静六のような生き方を見習い、立派になっていただきたいと思います。学問には、力があるべきだし、実用する哲学というか、通俗哲学というか、そうした一般哲学の有効性がないと駄目だと私は思っています。

ですから、机上《きじょう》の空論をあんまり言うのは無駄なので、私も、効果があるというか、効用のある教えをできるだけ説くようにしています。深遠《しんえん》な哲学も要《い》るのですけれども、役に立つことも、できるだけ折々に、いろいろな本に織り込み、みなさんの人生の智慧《ちえ》になるようにしたいと私も考えています。

そういう意味で、本多静六は、私にとって、励みになった人の一人でもあります。

本多静六を招霊《しょうれい》し、新しい幸福論を聴く

大川隆法　『わが処世《しょせい》の秘訣《ひけつ》』や『私の財産告白』など、彼の有名な本はたくさんあります。ただ、古くなりましたので、今回、現代の新しい努力論・幸福論・成功論のようなものを録《と》れたらと思います。

これは、ほかにはできないことです。ほかの出版社では、本多静六の著書を現代語訳して抄録《しょうろく》するなど、現代に焼き直すことを試《こころ》みていますが、「今だったら、

現代の人に、どのように教えるか」というのは、当会にしかできないのです。「現代人にも、同じような問題を抱えている人は大勢いるので、現代版の幸福論・成功論のようなものがつくれないか。あるいは、人間幸福学の参考になって、何か、手引きの一部になるようなものがつくれないか」ということを考えています。

私の幸福論でもよいのですが、できるだけ、いろいろな人の幸福論を紹介し、その人が遺《のこ》した文化遺産を研究することによって、いろいろとまた学問的な広がりが出るだろうと思います。

ですから、本多さんの個性を入れた幸福論を説いてもらってもよいのではないかと考えています。このへんについては、宗教と学問の違いの部分があると思いますし、両方にまたがっていますが、やりたいと思っています。

では、いきましょうか。

（合掌《がっしょう》し、瞑目《めいもく》する）

日本初の林学博士にして、元東大名誉教授の本多静六博士をお呼びし、生前からの幸福論・成功論の考え方とともに、現代に生きる人々に対する福音《ふくいん》としての心構え・努力論・成功論・幸福論等、人間としての考え方をお導きくだされば、心より感謝申し上げたいと思います。

本多静六博士の霊よ、どうか、幸福の科学総合本部に降りたまいて、「新しい幸福論とは何か」「人間にとっての幸福とは何か」をお説きくださいますよう、心の底よりお願い申し上げます。

（約七秒間の沈黙）

2　「努力で道が拓《ひら》ける」という幸福

開口一番、「目指せ、百万部！」

本多静六　（咳《せ》き込む）うーん、うーん。ああっ！

綾織　こんにちは。

本多静六　（『本多静六の努力論』を手に取って）ああ、いい本が出てるじゃない？　これ、何部売れた？　何部？　うん？　君、何部売れた？　何部売った？

吉川　まだ、それほど……。

本多静六　うん？　百万部？　ああそう。百万部ね。

吉川　そうですね、いきたいと思います。

綾織　それを目指して……。

本多静六　まあ、そのぐらい売れないかんね。百万部ぐらい売れたら、世の中はちょっと変わるんだよ。こういう本を百万人ぐらいが読めば、世の中は変わる。

もうちょっと、国の財政赤字を消して、個人が豊かになって、みんなで助け合えるような社会がつくれるようになるんだな。うん。
だから、もっともっと頑張らなあかんのや、編集（部）はね。

吉川　そうさせていただきたいと思います。

本多静六　今日は、（右手を拳《こぶし》にして突き出す）目指せ、百万部！　いこう！

綾織・吉川　ありがとうございます。

人間は、努力して成長していく過程に幸福を感じる

綾織　本日は、「現代人に向けての新たな幸福論」ということで、お話を伺《うかが》える機会を頂き、本当にありがとうございます。

本多先生の最も特徴的な考え方というのは……。

本多静六　（筋肉トレーニングをするかのように、両腕を何度も曲げ伸ばす）

綾織　（笑）……「努力」と「幸福」というのをイコールで結ばれているところかと思います。

本多静六　おう、そうよ。そのとおりよ。

綾織　そこをバシッと断言されているところが、最も特徴的であると思います。

本多静六　うん。そうなんだ。

綾織　それについて、現代の人々、特に若い方々に向けて、改めて教えていただけないでしょうか。

本多静六　わしは今、年齢不詳《ねんれいふしょう》だから、年寄りくさくなってはいかんと思うけども。現代は、優しい社会になっとるとは思うんだけどね。確かに、社会が優しい、国が優しい、市も県も優しい。そういうことをしなきゃ、票が取れないのでなあ。

民主主義社会は、まあ、優しい社会になっとると思うよ、実際なあ。

それは、いいことなのかもしらんし、人類の進歩なのかもしらんと思うところもあるけども、わしの目から見たら、肝心《かんじん》な観点が抜けてると思うんだよな。

「人間にとっての幸福とは何か」っていうところが抜けてると思うんだよ。

人間っていうのはねえ、自分で努力して、一歩一歩、現状の悪い〝あれ〟から、よくなっていって、成長していくところに、この過程に幸福を感じるんだよ。

自分がやったので、これが成功した。勉強して成績が上がった。事業でも、工夫してやったら、客がついて売れるようになった。黒字が出た。赤字が黒字になった。人が雇《やと》えるようになった。店が大きくなった。まあ、こうしたことが、うれしいことなんだよ。

この幸福論を忘れてねえ……。現代憲法のいう、いわゆる「文化的最低限度の生活」か？　なんか知らんけども、「国や、そんなのが保障してくれることが幸福だ」と、あるいは「病院代を出してくれるのが幸福だ」っていう幸福観は、私は、非常に消極的でネガティブだと思うな。

もちろん、最低限はそうなのかもしらんけども、心掛けの問題は、やっぱり根本的にあると思う。

だから、幸福論の観点から、もう一回、考え直したほうがいいよ。今、「福祉」って言うと、何でもかんでも、あれなんだけどねえ。敵もなく、もう賛成しかないんだけども。

私だって、金を貯《た》めて、いろんなものにずいぶん寄付して、福祉の役に立つことはしたけどね。そういうふうに、実際上は、自分で努力して、その道楽《どうらく》の〝カス〟※を貯めてだねえ、まあ、貯金をしてだねえ、それを福祉でもいいし、宗教でもいいし、いろんなところでもいいけど、公共的に役に立つところにバンッと出してあげるぐらいの成功をすることが、幸福なのであって、人から金をもらえた

※本多静六は、生前、「仕事を道楽にしなさい。お金は、その道楽のカスとして自然に貯まってくる」ということを説いていた。

りすることが幸福じゃないんだな。

わしは、現代の若者に、特に言いたい。やっぱり依存心《いぞんしん》が強すぎるんじゃないかな。社会に依存したり、親に依存したりする気持ちが強くて、逆に今度は、感謝の気持ちがないね。「年を取った親を養《やしな》おう」とか「困った人を助けよう」とかいう気持ちは少なくて、周りというか、外側に求めるのは……。なんか、自分に物をくれること？　「生活を保護してくれたり、支援してくれたり、何かしてくれ」っていうようなことばっかり、周りには言うけど、「感謝をする」っていうのは、ごく少ないんだよな。

そして、「これが当然だ」と思っているけども、違うんだな。人に依存するんじゃなくて……、人に感謝してもいいけども、依存する心はできるだけ抑えて、「自分で何ができるか」っていうことを考えるべきなんだよ。

わが人生を振り返ってだなあ、やっぱり、「努力で道が拓《ひら》ける」という幸福。

これだって、悟りなんだよ。これ、悟りなんだけど、みんな「不可能だ」って、すぐ思うんだよな。「それは、生まれつき頭がよかったんだ」とか「運がよかったんだ」とか、そういうふうに考えるんだよね。

違うんだよ。そうじゃないんだよ。ちょっと諦《あきら》めるのが早すぎる。遺伝子研究もいいんだけど、なんか、決定論的に考えすぎるのは間違いなんだよ。

だからねえ、本多静六なんて、いくらでも〝つくれる〟んだよ、ほんとは。いや、まあ、林学博士《りんがくはくし》はそんなたくさん要《い》らんけどさあ。ほかの業界で、いっぱい出れるんだよ。わしぐらいの頭の人は、ゴロゴロいるんだ。日本では、同世代だったら、私ぐらいの頭の人は一万や十万はいるよ。軽くいるよ。だからねえ、たくさん出せるんですよ。

魂《たましい》の力を出すには、〝脱穀《だっこく》〟が必要

綾織　境遇とか、生まれ持った才能とかは、人生行路《こうろ》を決定する上で、どのくらいの割合を占めていると見るべきでしょうか。

本多静六　まあ、医学が発達してるから、みんな、「才能っていうのも遺伝子で決まる」とか言うけど、才能なるものがあるとしても、魂《たましい》の力みたいなものが確かにあると思うよ。（過去の転生《てんしょう》から）持ち越してきているものがあると思う。

でも、その魂の力だって、籾《もみ》の脱穀《だっこく》と一緒でさあ。脱穀して米を出し、精米かけていくのと一緒でね。籾を取ったあとのやつを、さらに精米かけて白米にしないと、炊《た》いたって、ご飯はおいしくないよ。あれができてないやつはな。

あれと一緒で、つまり、〝脱穀〟しない限り、魂の力だって出てこないんだよ。

もともと、（人間には）差があるとは思うけども、〝籾が付いたままで、結局、食べられない〟状態の人は、世の中にたくさんいると思う。ほんとは、たくさんの方が、秀才・天才になる才能を持っているのに、それを生かせないで終わることが多いな。

そして、ほとんどの人が、環境や周りの人のせいにして、物事を考えるよな。非常に残念でならないね。

逆境は「偉人《いじん》をつくるための材料」

吉川　努力をしていても、成果をなかなか出せないと、つらくなってきたり、ついつい諦めてしまったりして、結局、本多静六先生のようになれないという方が多いと思いますが、努力を続けるコツ、秘訣《ひけつ》というものはあるのでしょうか。

本多静六　わしも、井戸で死んどったら、それで終わりだから。もう、あとがないからさあ。ちょっと、あんまり偉《えら》そうには言えないんだよな。

井戸で、そのまま溺《おぼ》れ死んでたら、本多静六なるものは存在せず、本も存在せず、明治神宮の森も日比谷公園も存在しないことになるので、「偶然ではない」とは言えないけども、それでも、偶然のようで偶然ではない。

これには、「米つきをやって、力を鍛《きた》えてて、体が強すぎたために、死ななかった」ということもあったわけだから。軟弱《なんじゃく》な体であれば、おそらくは死んでいたであろうと思われるので。まあ、そういう力を鍛えとったのが効いてしまったために死ねんかったから、やっぱり、偶然ではないところはあったわけね。

だから、その悪い条件だね。「親父が死んで、家が傾《かたむ》いて、急速に環境が悪化する、借金を背負う」っていうのは、とってもつらいことだ。まあ、そういうことで進学を諦めた人は、周りには山のようにいたよ。やっぱりね。

近年は知らないけど。教育の無償化が進んでいるので、高校までは無償でも行けるのかもしらんけども、昔は、中学卒ぐらいで諦めた人はいっぱいいたと思うな。まあ、小学校でやめた人もいると思うけども、やっぱり、道は拓けるんだよ。

もし貧乏でも、勉強がものすごくできたら、育英会《いくえいかい》みたいなものもあるし、育英会みたいなものがなくても、篤志家《とくしか》っていうのは、必ず、世の中にいるもので、「それだけ勉強ができるのに、もったいないではないか。ちょっと、勉強させてやろうか」っていう人が出てくるものなんだ。

だから、「周りの力が足りない」とか「協力が足りない」とか思うより前に、自分でやるべきことができていなかったことのほうを、反省すべきだな。

さっき言った二宮尊徳先生で言えば、伯父《おじ》さんが意地悪なことをいくら言い連《つら》ねたところで、何《なん》にも解決はしないんだ。「意地悪な伯父さんがいても、『自分を鍛えてくれてるんだ』と思って、そういう悪い環境のなかで、どうやって創意工夫して勉強が続けられるか」ということで、やったが、結果は、偉人《いじん》になれたわけだ。

だから、そういう逆境っていうのは、ある意味では、「偉人をつくるための材料」でもあるわけなので、嘆《なげ》いて、マイナスにばかり考えたら、むしろ無駄《むだ》なんだよね。

「自分で運命を拓《ひら》く」という志《こころざし》を立てる

宇田　幸福の科学大学がこれからできるのですが、若い方と話をしていると、「自分の道が見えない」「自分のいいところ、長所が見えない」「自分が努力する道を見つけられない」という人がけっこういます。

本多先生は、先ほど、大川総裁からも説明があったように、ドイツ留学までされていますが、自分の得意なもの、長所を見つけていくコツがありましたら、教えていただければと思います。

本多静六　根本的にはねえ、ごくごく、もうほんとに短い、一行で表せるぐらいの悟りだと思うな。基本的にねえ、「自力で運命を拓く」っていうこと、この志《こころざし》を立てることだと思うんだよ。

例えば、ドイツに日本人が行って、二年で経済学博士号《はくしごう》を取るっていうのは、今だって難しいと思うよ。そんな簡単なことではない。

本多静六が留学したミュンヘン大学（正式名称はルートヴィヒ・マクシミリアン大学ミュンヘン）

でも、今は、わしらの頃《ころ》に比べれば、はるかに、語学教材なんていうのは豊富だよな？（外国人から）直接いろんな勉強ができて、耳からも聴けるし、しゃべれるし、大変なことだ。

そして、わしが留学するために選んだ婿《むこ》入り先が、銀行の倒産に遭《あ》ったから、もう、たまったものではない。おかげで、わしの留学に影響が出たけども、これはどうしようもないよ。ここまでは止められんからさあ。これはしかたない。

それをどうこうすることは、そういう立場にある人は、ちょっとはできるかもしらんが、わしはそういう立場になかったから、「自分としてできることは何か」って考えたわけだ。考えた結果、「資金が、もう底をつく」っていうことだから、「その間で、できるだけ短期で卒業してみせる」っていうことしか考えられなかったので、「それを、やってのけた」っていうことだよね。

「ドイツ人ができないから、日本人になんか、できるわけない」って、不可能思考で言やあ、必ずそうなるだろ？　だけど、やってのけたわけだから、これは、もう考え方だと思うんだよ。

それから、わしは、ドイツ留学したからドイツ語のほうができたけども、英語は、八十歳から勉強し始めたんだ。（戦時中）英語は敵性言語《てきせい》だったからね（笑）。あんまり勉強してなかったわけだから、八十からラジオ講座を教師にして、英語の勉強は始めたので、八十からでも、まだまだできるんだよな。

やっぱり、サボってる言い訳はいくらでもつくれるけど、「やるか、やらんか」だけなんだよ。

ここの総裁も、もう一回、奮起《ふんき》して……。まあ、今日は、夜中から、わしが何度も「本多静六の霊言だ」って、啓示《けいじ》というか、霊示を降ろしつつあったんだけど、夜中に何度も起きては、ドイツ語の勉強をトイレでやっとるんだ。それを見てて、「うん。わしみたいや。なかなか頑張っとる」と思う。

若い頃、英語圏で一年ぐらい勉強したんだろうけど、「そのときは、まだ自分として未熟で、達成できなかった」と思って、その後、何十年か経《へ》て、もう一回勉強をし直して、今またやって、「学園をつくったり、大学をつくったり、国際伝道をしたりする材料・教材をつくる」というところまでいってるんだろう？

これは、みんな努力の賜物《たまもの》だよな。

だから、やってみないことにはねえ。やっぱり、「やってから言え」って。

「偉人として生まれて、偉人になる」わけではない

綾織　逆に言うと、「天命とか、何か決まった道があって、それを見つける」というよりも、「努力して自分で道をつくってしまったほうが早い」という考え方なのでしょうか。

本多静六　まあ、結果論なんだよ。

結果で言われる、遡《さかのぼ》って言われるんであって、偉人として生まれて、偉人になるわけじゃないんだよ。結果論なんだよ。みんな結果論だと思うな。

（偉人になった人も）逆の考え方はいくらでもできたと思うんだよ。

リンカンみたいな人だって、客観的情勢として見たら、マイナス材料ばっかりゾロゾロ出てくるからねえ。学歴はないし、家は貧しいわ、『聖書』と法律書以外読んでないわ、醜《みにく》いし、恋人には死なれるし、落選は続くしね。それから、大統領になったら、南北分裂で戦争ですよ。アメリカの人口が、日本の人口と大して変わらない頃に、六十万人以上の人まで死なせた南北戦争をやって、最悪の大統領と言やあ、最悪の大統領に見えるよね。それが、百年以上経《た》ったら、「いちばん尊敬されてる」っていうことだよな。

だからねえ、「志」と、それから、ある程度、成果も要るとは思うけど、やっぱり、人間、「根性《こんじょう》」は要るよ。

「頭のよし悪《あ》し」と言ったって、東京山林学校にビリで入って、総代で卒業して、さらにドイツでまた破り抜いて、日本へ帰ってからも延々と努力を続けて、八十五歳までやり続けたのでね。

わしは、百二十歳計画を立てて、百二十歳まで準備してたんだ。百二十歳まで命があっても仕事は続けたからねえ。やっぱり、その程度の機根《きこん》を持たないで、どうするか。

3　逆境を乗り越えた人は強くなる

貧困は不幸の決定的な要因ではない

吉川　先ほど、「逆境は偉人《いじん》をつくる」ということをおっしゃっていましたが、ご生前も、「失敗とか貧困とかは、早いうちに経験しておいたほうがよい」ということをおっしゃっていたと思います。

本多静六　うん、そうそう。

吉川　現代においても、生まれ育った環境によって経験できるものが違い、私も田舎《いなか》の出身なのですが、大学に入って東京に出てきたときには、東京でずっと勉強してきた人との間に、かなり知識のギャップを感じるというか、衝撃《しょうげき》を受けました。

本多静六　それはそうだなあ。

吉川　本多先生がおっしゃっているような、「貧困とか失敗とかは早く経験しておいたほうがよい」ということは、現代においても、通用するというか、同じことが言えるのでしょうか。

本多静六　それはねえ。まあ、現代は、「ある程度、中流」と思う人が多くなったからさ。

もちろん、昔のほうが、貧困の人は多かったと思うから、「貧困なら成功する」って言うなら、「昔のほうが成功者はたくさん出る」って言えるけど（笑）、実際上、そんなにたくさん出たわけではないねえ。

だから、貧困でも、「貧困から、どうやって脱出しようか」という、方向性と努力が肝心なわけね。

でも、貧困自体は、不幸の決定的な要因ではないと思うよ。貧困であるからこそ、親孝行な子供もできたり、あるいは、お金儲《もう》けの大切さや事業の成功、学問的な成功を願う人も出てきたりするわけで、それは、戦前からもあったことだ。どんなところに生まれても、勉強できたりして、成功していく人はいたよね。

アメリカほど、金持ちになった人は、あんまりいないかもしれないけども、やっぱり、そういうことはあったので、私は、貧しさも、一つの「資本主義精神を生み出すための触媒《しょくばい》」にはなると思うな。

「だいたい三代目には身を滅《ほろ》ぼす」と、よく言うけども、「初代で貧困から身を起こして、二代目には苦労をかけないようにやって、三代目になったら、今度は放蕩《ほうとう》して沈んでしまう」っていうのはよくあるので、三代以上は続かないことが多いね。

一方、これがずっと続いてるような、財閥《ざいばつ》の家系みたいなところには、何らかの家訓《かくん》とか、けっこう厳しい掟《おきて》とかがあって、鍛《きた》えているんだろうと思う。

だから、「貧困だから成功する」とは言えないし、「幸福になれる」とも、「お金持ちになれる」とも言えないけども、確かに、原動力にはなるよね。そして、それを原動力にして、成功していった人には、やっぱり、強いものがあるな。

アメリカの二十世紀の成功者たちも、ほとんど、スタート点は、貧困からスタートしているはずだよ。その子孫は知らんけどね。

マイナスをプラスに切り替える秘訣《ひけつ》

宇田　今、本多先生のお話を伺《うかが》い、「厳しい環境にあっても、それをできない理由にするのではなく、そのなかで、『どうすればできるのか』『自分に何ができるのか』を考えることが大事であり、そういう考え方が道を拓《ひら》く」「自分のできることを見つけて、坦々《たんたん》と努力していく先に、未来は拓けていく」ということを、改めて学ばせていただきました。

これは、ある程度、豊かな社会に暮らしている現代の私たちには、非常に欠けている精神だと思います。大川総裁からも、「マインド・セットを変えよ」とよく言われているのですが、本多先生のように、マイナスなことが起きても、プラスに切り替えられる秘訣《ひけつ》がありましたら、教えていただきたいと思います。なぜ、いつも、ポジティブな方向にお考えを切り替えることができるのでしょうか。

本多静六　それはねえ、今、彼女（吉川）が言ったこととも関係あるんだけど、要するに、「ミゼラブルな（惨《みじ》めな・哀《あわ》れな）状況を体験している」っていうことは、非常に強いことなんですよ。

〝免疫力《めんえきりょく》〟が強い。要するに、黴菌《ばいきん》に強いというか、汚い水で飲み食《く》いしていたような人たちは、そう簡単に病気にならないのと同じで、ミゼラブルな状況をわりに早いうちに経験していると、「自分は、過去、きつい状態、苦しい状態があって乗り越えてきた」という気持ちが生まれ、簡単に砕《くだ》け散ってしまわないっていうか、したたかさが出てくるんだな。

わしは、父が亡くなって、借金を背負い、苦しい思いはしたし、勉強も、東京だけでなくて、いろんな所の名門から来た秀才たちに圧迫されて、「もう、とてもじゃないけど、自分はついていけない」と思った。今、東大なんかに入っても、そんなふうに思ってる人もいっぱいいると思うけどね。

だけど、それをはねのけていくのは、やっぱり、そのエートス（持続する精神状態）だよな。苦しいところを何とか努力してやってきて、まだ、それだけの努力では（物事を）成就《じょうじゅ》していないんだけども、そういう持続する精神状態をいったんつくったことがある人間は、壁にぶち当たって敗《やぶ》れても、また立ち上がってきて、それを続けようとする。まあ、そういうことができるんだよな。

やっぱり、不幸の原因と思われるようなことは、いっぱいあると思うんだよ。自分になければ、自分の家族とかにあるな。親戚や家族、あるいは、生まれた地域とか、いろんなところにマイナスのことはあると思うんだけど、それがかえって、何ていうか……。

例えば、父親が病気だろうが、死のうが、母親が病気であろうが、家の事業が潰《つぶ》れようが、きょうだいの誰かが自殺したとか、生まれつきの障害者だとか、一家にガンの遺伝が続いてガンばかり出るとか、家が火事で燃えるとか、何でもいいけども、こうしたことを、全部、乗り越えていくだけの力が必要だ。

エジソンだってそうでしょう。研究所が火事で燃えたとき、子供たちを呼んで、「こんなの、めったに見られるもんじゃないから、みんなで見ておけ。ああ、よう燃えとる」と言って、研究所が燃えてるところを見せた。「もう一回、再建すればいいんだ。どうってことない」っていうことだ。頭のなかに、原材料は全部あるわけで、頭が考えれば、何でもまた研究はできるからね。

君らの仕事だって、見てたら、やっぱり、そう思うよ。ほとんどは、メンタルな部分から出来上がって、努力してるように見えるなあ。

だからねえ、言い訳を客観的な事実だと思って、あんまり固定化しないこと。

そして、言い訳の部分を客観的な事実として固定化し、同情することをもって、善人あるいはエリートの仕事だと、あんまり思いすぎないことがいいと思うな。

宇田　分かりました。ありがとうございます。

本多静六　これ、朝日新聞とかＮＨＫとかに、今、出てる傾向だろ？

宇田　そうですね。

本多静六　エリートたちは、エリートであることに引け目があるので、「ワーキングプアとか、そんな人たちに対して、何《なん》か社会がしないといかんのだ」っていう義務感を負わせ、そして、成功してる人たちに「ブラック企業だ」と言って、きついんでしょう?

宇田　そうですね。努力している企業に対して、「ブラック」というレッテルを貼《は》ろうとしています。

本多静六　きついでしょう? そういうふうにしていくでしょう? だけど、(そうすると) 全体が貧しくなる方向になって、逆転するんだよ、ほんとはね。

宇田　はい。

4　仕事がワクワクする、気の持ち方

綾織　「客観的な環境をどう見るか」というところでは、信仰や霊的なものの見方が大事になると思います。
本多先生は、生前、本のなかで、「生命は永遠《えいえん》不滅《ふめつ》で、神様の一部である」と書かれています。

本多静六　うんうん。

綾織　さらに、「神様に対して奉仕《ほうし》することが、努力なのだ」ということを書か

れていて、単なる地上的な努力論ではなく、神様との関係で努力を語られていることが、非常に印象的です。

本多静六　まあ、宗教家じゃないから、君らに説教はちょっとできない。釈迦《しゃか》に説法みたいになるから。

綾織　いえ、とんでもないです。

本多静六　ちょっと、つらい。わしのほうは、かじった程度のものなんで、言えないけども。まあ、林学博士《りんがくはくし》であるから。一応、理系ということは、理系であるから……。

今の理系は、悪い理系だねえ。現代の理系は、悪い理系だと思う。神様は〝殺す〟し、人間は機械仕掛《きかいじか》けの道具みたいにしてしまって、「機械が壊れたら、それで終わりです」みたいな、夢も希望もないようなことを平気で信じている連中なので、これはもう原始人のほうが、よっぽど偉いわ。

縄文《じょうもん》時代の人は、信仰心があったことは明らかで、（死者を）埋葬《まいそう》して拝《おが》んでたけど、今はもう、「埋葬も要《い》らない」「葬式も要らない」「死んだら終わりだ」「灰にして海で撒《ま》いてもいい」っていうような……。

まあ、確かに、肥《こ》やしにはなるけどね（笑）。植林して林をつくるには、ちょっと、肥やしにはなるかと思うが、「死んだ人の灰を撒いたら、お墓も要らん」とか「そもそも葬式も要らん」とか、いろんなことを言う人がいっぱい出てきてるようだけども、哀《あわ》れだよな。見てて。

「人間の生命の不滅を知らん」っていうことは、どういうことだろうね。

例えば、自分が億万長者《おくまんちょうじゃ》で、自分の亡くなった父親から、実は、広大《こうだい》な土地や財産を弁護士に委《ゆだ》ねられて管理してもらってて、自分のものとしてもらってるのに、それを知らずに、「自分は今、収入は十五万あるいは二十万で働いてる」と。そして、「こんなに貧乏なんだ」みたいな感じで、チマチマ生活して、「それで一生が終わりだ」と思ってるような人間が、唯物論者に、わしには見えるなあ。

永遠の生命で、神様・仏様がバックアップして、協力してくれている。すごいことだよ。

私は、造林業《ぞうりんぎょう》をやりましたけども、山をつくって……。今、花粉でみんな嫌がったりして、嫌いかもしらんけども、昔は、家は、みんな木で建ててたから、植林して山を樹木で満たすっていうことは、すごい富《とみ》を生むことだったんだよ。だから、ある意味で、殖産興業《しょくさんこうぎょう》の一つでね。

木を切れば、もちろん、燃料にもなるけども、風呂の薪《たきぎ》にもなるけども、大工仕事をして、いろんな物もつくれるし、家も建てられるね。だから、「三十年後、これで家が建つ」「五十年後に家が建つ」と思って、植林していく作業は、実に楽しい。

それから、植林することによって、山の保水力《ほすいりょく》が高まって、これで洪水《こうずい》を止めて、きれいな水が湧《わ》いてね。今、酒造業《しゅぞうぎょう》をやってるような所は、植林が見事に成功した所だ。いい湧き水が出るから、いい酒がつくれてるよね。だから、いろんなものに影響するんだ。

そういうふうに、「この世の中をつくっていく」っていうか、「実際に生命を植林することで、森をつくり、山をつくり、それから、いろんな産業をつくっていく」っていう……。ほんと、神様のねえ、一端っていうか、仕事の一部を委ねられてやっている。

綾織　そういう感覚があるんですね。

本多静六　街づくりも、東京だって、本当は、関東大震災以降、根本的につくり変えたかったんだけどねえ。市長と一緒になって、根本的に都市計画をやりたかった。一部は実現したんだけど、全部は思うようにならんかった。

まあ、そういう悲惨《ひさん》なことが起きないように、要所要所に公園をきちっとつくって、水もちゃんとつくって、木もつくって、いざというときには、そこで避難ができるようにする。あるいは、自然とも触れ合える。

将来、これ（東京）が都市化することを見越してね。まあ、森が十分できてないと、都市は美しくならないことを知ってたので。

（森や公園は）公共財だからね。今、マンションやアパートに住んで、自宅の庭は持てないかもしれないけれども、みんなで森や公園を共有することで、みんなが散歩できて、歩ける。私も散歩をよくしてたからさ、そういう所が必要だっていうのは知ってた。

東京っていうのは、世界で見ても、大都市としては、かなり公園が充実してる都市なんですよ。このへんに、私も、ちょっと寄与《きよ》したつもりだけどねえ。

だからねえ、「神様の仕事の一部を手伝ってる」っていう気持ちでやると、やっぱり、ワクワクするしね。

唯物論・無神論の「有限人生観」で、ぜんまい仕掛けの人形みたいにパタパタパタパタッと行って、パタッと止まるような人生観は、哀れでならんね。〝縄文式〟以前だ。

5　大宇宙の富《とみ》を引き寄せるポイントとは

しっかり稼《かせ》いで、世のためにポーンと投げ出せ

綾織　本多先生は、富《とみ》の蓄積と還元《かんげん》についての教えをたくさん説かれていますが、これも、やはり、神様の仕事の一部としてされている感じだったのでしょうか。

本多静六　そうなんだよ。まあ、イエス様には意見を申し上げるようで大変申し訳ないが、「金持ちは天国に入《はい》れん。ラクダが針の穴を通るよりも難しい」とか

言うとるけど、「イエス様、罰当《ばち》たりなこと、言うでないよ」と。「金持ちは天国に行けん」と言ったら、誰も働かなくなるじゃないか。ねえ？　それは、いかんことだ。

自分らが食《く》うや食わずの生活をしてるからって、そんなにひがんだら、いけませんよ、せっかく神様の道を説いてるのに……。今より、お布施《ふせ》が少なかったわけでしょ？　あれね、お布施が少ないから、ひがんでるんだよ。

綾織　ひがんではいないと思いますが（笑）（会場笑）。

本多静六　ええ？　やっぱり、ああやって言うことで、金持ちに金を出させようとして……、まあ、言った。「天国に行けんぞ」と言ったら、出すしかないからねえ。天国に行きたくなったら、やっぱり出すんじゃないの？

信じる人が十人に一人もいたら出してくるから、言ったんだろうけど、わしはイエスみたいなことは言わん。「金を儲《もう》けたら天国に入れない」、そんなケチくさいことは言わん。

努力して、仕事して、しっかり金を儲けて……。ただ、貯めて蓄財した金を「自分のものだ」と思ってはいけない。

「努力する過程が本当は楽しい」っていうか、これ（努力）が、自分を成長させて、幸福のもとであるし、実は、成長していく感覚が、成功の感覚であって、結果じゃないんだよな。

最後の結果のところに出てくる、「お金が何億円貯まった」とか、「何十億円貯まった」とか、「これだけの土地を持った」とか、「株長者になった」とかは結果であって、これはもう〝カス〟なんだ。

ほんの〝残りカス〟で、おがくずみたいなものだ。柱をまっすぐにするために、木を削《けず》ったあとに出てくる「おがくず」みたいなものが、貯金の部分であって、これが利子《りし》を生んで大きくなるんだけども、「こんなもの、パーンと教会にくれてやれ」と言いたいところだが、幸福の科学に投げ込んで、植福して、「しっかり後世の人に使ってもらおう」と思って、ボーンと出してだねえ……。

要するに、私は、「働いて、成功していく感覚が楽しいんだ。これが幸福なんだ」という考えなんだ。

「死んで、あの世に持って還《かえ》れる金はないんだ」というのは一緒だ。これは一緒なんだ、イエスの（教えと）。これは一緒なんだけども、わしは、イエスみたいなケチくさいことは言わずに、「しっかり稼《かせ》いで、貯めて、『これは残りカスなんだ。こんなもの、ほかのところで使ってもらえ』と言って、ポーンと出す」という考えなんだよな。

いいお金の使い方のコツは、公共心を持つこと

宇田　日本人は、もともと蓄財が得意ですが、ヨーロッパやアメリカの人たちは、本多先生が説かれた「四分の一天引《てんび》き法《ほう》」のようなことをしないで、すぐに使ってしまいます。そこで、蓄財の大切さをお教えください。

また、日本人でも細かく浪費してしまう人が多いのですが、本多先生は、生前、山林を買うとか、まとまったお金の使い方をされていました。

私たちは、大川総裁より、「お金を儲けるのは難しいが、お金を使うのはもっと難しい」と教わっていますが、お金を投資していくコツというか、富をさらに引き寄せてくるコツについて、お教えください。

本多静六　あんまり小さくパラパラと使いすぎると、全然貯まらないままでね。小さく使いすぎると、何《なん》にも力がない、ただの平均人になってしまうので。

宇田　はい。

本多静六　「なんで、そんなに我慢《がまん》して、お金を貯めるのか」って言われると、まあ、不思議な感じだね。

宇田　そうですね。

本多静六　「そんな、『四分の一天引き』しないで、全部使っちゃったほうが、生活が楽じゃないか」って言えば、そのとおりなんだけど、貯めていって、だんだん額が大きくなってきて、まとまってくると、これが、いろんなものの元手になるわけよ。

昔であれば、大学に行く学資《がくし》にもなるし、車を買うお金にも、家を建てるお金にもなるしね。

そして、もっと大きく、事業家になれば、使い方はさらに違ってくると思うんだけども、お金を使うときに、「それを買って終わり」みたいなことになるべくしないようにして、投資した金が波及《はきゅう》効果を生むというか、二重、三重に使えるように物事を考えていくと、効果が大きくなるんだよね。

例えば、同じ建物を建てるのでも、お金を貯めて自宅を建てて住めば、家族が住めるだけのものになるよね。だけど、同じ建物でも、お金を集めて、貯めて、学校を建てたら、次から次へと新しい人が入っては卒業していって、まあ、教育の内容がよければ、いい教育を受ける人がずっと出続けるわけだ。

これ、建物のコンクリート代と土地代だけではないよね。実際は、将来の富をつくる人たち、稼ぎ手をいっぱい量産していけるわけだから、学校をつくるために使ったお金っていうのは、実は、何百倍、何千倍、何万倍に増えて、国富《こくふ》を増やすことになるよね。

こういうふうに、波及効果があるものを目指していくことが非常に大事なことだと思うんですね。そのへんの目の付けどころかな。

そのもとは何かっていうと、やっぱり、エゴイズムはちょっと抑えないかん。貯金をして貯めていくところに、自我の部分というか……。何ていうか、「単なる贅沢《ぜいたく》や単なる浪費、単なるふしだな〝あれ〟のために使っていくのではなく、ちょっと、自我我欲の部分を節《せっ》して、一部を将来のために取り分ける」っていう行為自体が、尊《とうと》い行為なんですよ。

そして、貯まったものを、今度は「公共心」を持って、「いったい、どういうふうに使うのが、もちろん、自分のためになっていいと思うけど、自分だけでなく、世の中の人たちにも役に立つか」っていう考え方ができるかどうかだね。

会社で言えば、利益とかは大事なことだけども、従業員には少なくともいいことだけども、それが、さらに力が増せば、「一会社のなかの従業員の生活が成り立つ」という目標だけでなくて、社会・国家にいろいろ影響を与えて、プラスの方向に導けるような力になるよね。

だから、「公共心」を持っていることが、いいお金の使い方のもとになると、私は思いますね。

「富を憎まない」「富と反発しない」性質を受け入れる

綾織　今日は、「スピリチュアル講義」ということで、霊的なところもお伺《うかが》いしたいのですが。

本多静六　ああ、そうですか。

綾織　当会には、「大宇宙に富が遍満《へんまん》している」という教えもありまして……、

本多静六　もう富の塊《かたまり》だよ！

綾織　あっ、富の塊？

本多静六　うん！　もう、全部。（宙《ちゅう》を見ながら）空中は、空気さえ、私には金《きん》粉《ぷん》に見えてくるよ。

綾織　そうなんですね。

本多静六　もう、金《きん》が降ってるように見えるよ。

綾織　その大宇宙の富を、地上の人間が味方につけ、引っ張ってくるためのポイントについて教えていただけないでしょうか。

本多静六　一つは、やっぱり、マルクス主義を受け入れたらあかんよ。だからねえ、富を憎む性質の人っているんですよ。ここを、気をつけないかん。

宗教的な人にも、特にその傾向はあるのでね。なんか、罪悪感を持つんだよ。「金持ちは天国へ入れない」と思っているように。

まあ、「物質欲が強いと、みんな地獄へ堕《お》ちるぞ」っていうのは、そのとおりなんだけども。そういうところはあるんだけども、金銭があること自体が悪いわけではない。金銭がなければ銀行が潰《つぶ》れ、銀行が潰れたら留学資金がなくなることだってあるわけだから、それは、あるほうがいい。ないよりは、あるほうがいいんであって、要は、「それを有効利用すること」が大事なんだ。

銀行強盗《ごうとう》に入って強奪《ごうだつ》するような「金が欲しいっていう考え」は、地獄的な悪いものではあるけども、正当に額《ひたい》に汗して働いて、努力して蓄財することは悪いことじゃないし、それを、さらに、いいことのために使っていくことは、すごくいいことですよね。世界中に、まだまだ貧しい地域がたくさんあって、食糧も十分じゃない、住居も十分じゃない、電気さえ通ってない所がいっぱいありますからね。

だから、まずは、「富を憎まない、あるいは、それと反発しない性質」を受け入れなければいけないと思う。

しかし、（富を憎んでいる人は）けっこういるんですよ。大学生でも、左翼《さよく》的な運動をしている人はいっぱいいると思う。心情左翼で、とにかく反対運動ばっかりしている人とか、いっぱいいると思うんですけど、実際は、親から小遣《こづか》いをもらって学校に通いながら、富を憎んで攻撃している人がいっぱいいますよ。だけど、私は間違いだと思いますね。やっぱり、富に力はありますよ。だって、国富が増えてきたから、社会が豊かになって、潤《うるお》っているわけでね。個別に見たらよく分からないかもしれないけども、明治以降、営々としてみんなが努力して、勉強をして、産業を興《おこ》して、企業を大きくして、資本を大きくしていって、銀行も残高を増やして大きくしていったことが、やっぱり、日本だって、多くの人たちの生活が中流以上になってきた理由だと思うんだよ。

そういう大きいところができて、さらに、いろんな会社が潤ってきたので、これを間違えてはいけないんじゃないかと思う。

「質素倹約《しっそけんやく》して、金を貯める」っていうところは、資本主義の原理としては非常に大事なんだけど、経済を小さくすることが善なわけじゃないんだよな。

左翼系のマスコミとかは、今、そういう傾向が非常に強いので、「これ（経済）を縮めることが善」みたいな言い方をよくするんだよね。

「縮めることが善」のような言い方をしながら、「どこそこには金を撒《ま》け」と必ず言うんだよ。どこから、それ（お金）が降ってくるのか、分からないよねえ。

富や成功を憎んでいる左翼系マスコミ

本多静六　最近のことを言いすぎちゃ、あれだけども、天上界から見ておると、今、原子力発電所の再稼働《さいかどう》へ向けて、昨日、今日、騒いでいるよね？　マスコミなあ（収録当時）。

全国二十カ所あまりにつくった原子力発電所を、わざわざ全部否定して、処分しようとしてる勢力が、たくさんいる。〝平和勢力〟と言っているけども。

これねえ、そうとうの国富を使って、つくってきたんですよ。「電力がない」っていうことが、どれほど大変なことかは、アフリカへ行って住んでみたら分かる。あるいは、インドの田舎《いなか》のほうへ行ってみたら分かるよ。電気がないロウソクでの生活を一年してみたら分かるよ。電力が安定して供給されることが、どれほど大事なことか。

アメリカでさえ、電力会社が民営化されてるために、ときどき、停電して、何百万世帯も電気が使えないよう

本霊言の収録があった前日（2014年5月21日）、福井県の住民らが関西電力大飯《おおい》原発3、4号機の運転差し止めを求めた裁判で、福井地裁が原告請求認容の判決を出した。それを受けて、22日、原告住民らは、関西電力に再稼働断念を申し入れた。

なことが起きているね。

だからねえ、このへんは間違っていると、わしは思うよ。

テレビ朝日への送電は止めたらいいいんじゃないか？　ああいうところは。

綾織　そうですね（笑）。

本多静六　東京電力が嫌いだったら、止めてもらったらいい。電力は送らないので、自転車で漕《こ》ぐなり、自家発電して、放送をなさったらいいと思いますよ。

やっぱり、社会の富を増やしたり、「みんなにとっての公共財みたいなものを大切に守って、育てていこう」っていう気持ちを持っていないと、貧しくなりますよ。

これ、憎んでるんです。富を憎んでいるんです。富とか成功を憎む思想があると、やっぱり駄目《だめ》ですよ。

一律平等にしたら、世の中から秀才が消える

本多静六　このマイナスの部分を埋めるのは大変で、ほんとねえ、「穴を掘《ほ》っては埋める。穴を掘っては埋める」っていう作業を繰《く》り返すと、みんな、だいたい発狂して死ぬんだよな。これ、ナチスがやったらしいけど。ナチスがやった刑のなかの、残酷《ざんこく》なものの一つらしいけどさ。

要するに、生産性のある何かをやるのなら、人は働けるんですよ。レンガを積んで何かをつくるとかいうのなら、囚人《しゅうじん》にだって、精神衛生上はいいことだ。ただ、「穴を掘って、次はその土を運び出して、またもう一回埋めて、また掘って」って、これを繰り返しやらすと、みんな発狂していくんだ。

それほどのものなので、「せっかくつくったものを壊してつくり、壊してつくり」なんてことばっかりしてたら、やっぱり駄目になるね。もっといいものにするために、つくり変えるのなら構わない。それはいいと思うけど、「富」を憎んだり、「成功」を憎んだり、「進化」したことを憎むと、やっぱり発狂すると思いますね。

恵まれてない社会を、もうちょっと、よく見てきたほうがいいんじゃないかね。

綾織　逆に言うと、左翼系のマスコミには、ある意味で、「貧しい人がいなければならない」というような考え方がありますよね。

本多静六　そうなんです。

綾織　「全員が豊かになれるんだ」という思想・哲学が要《い》るのかなという感じがします。

本多静六　でも、列車が、東京から大阪まで行くまでに、大阪の近くを走ってるのから、京都を走ってるのから、それから、名古屋を走ってるのから、静岡を走ってる、横浜を走ってるのがあるように、順序はあるからね。だから、差がつくっていうか、「先に走っているものが先を行ってて、『あとから追いかけていきゃあいいんだ』っていうので、追いかけている」という順番があって、ちょっと時差があることは、認めなきゃいけないと思うんだよ。

みんなが同じ状態で……、全部の新幹線が大阪駅に入ったら、やっぱり、たまらん。大阪駅をどこまで拡張したらいいか、分からないよね。同時に入られたら、たまらない。順番に出たり入ったりしてくれるから、一応、助かっているよね。

その交通整理は要るわな。

そういうところがあるので、そのへんは難しいんだけど、まあ、みんなが一緒になると、今度は、失敗感覚もないけど、成功感覚もなくなる。

教育で言やあ、ゆとり教育がそうだよね。「みんなが百点を取れますように」って言ったら、全部易しくしてしまって。うん。算数も易しくして、英語も「単語は百個でもいい」とかいうようにして、「みんなが百点を取れます」って。こんなの偽物《にせもの》だよな?

もちろん、そうしたら、本多静六みたいに「古井戸《ふるいど》に飛び込んで死のうか」っていうような人間は出てこない可能性もあるけども、「勉強をしてもしなくても、百点」っていうんだったら、秀才は世の中から消えるね。完璧《かんぺき》に消える。

秀才は、そう言ったって、努力がつくるものだし、その努力が、別な面で、いろんなことを勉強したり考えたりして新しいものをつくって、道を拓《ひら》いていくんだ。

だから、勉強には、基本的には「力」はあるんだよ。「学徳《がくとく》」っていうかねえ。そういうことを知らないといけない。

学問には世の中を進歩・進化させるものがなければならない

宇田　本多先生のお話を伺って、「やはり、豊かさや富は否定してはいけない」と改めて思いました。

本多静六　絶対否定しちゃいけない。

宇田　富は肯定しなければいけないのですね。

本多静六　うん、うん。

宇田　その考え方や思想を、若いときに知ることが、人生で大きな成功をつかむ秘訣だと思います。

今の日本の教育では、高校までは、ある程度、内容が決められておりますので、私たち幸福の科学大学では、社会人になる前の大学の段階で、今、本多先生から教えていただいたような「富を肯定する思想」を徹底的に教えていきたいと思っています。

ただ、現代では、経済学者や経営学者という人は大勢いるのですが、私の見るところ、八割以上が富を否定している方々で、私たちは今、そこと思想的に戦っているところです。

そこで、どちらかというと富を否定しているような経済学者や経営学者に対して、何か、一喝《いっかつ》ではありませんが、若いときに富を肯定する思想を学ぶ大切さを教えていただければと思うのですが。

本多静六　ちょっと、逆になるかもしらんけど、先ほど、「貧乏とか貧しさが大事なんですか」っていう話もあったけど、いや、貧しい時期も必要だとは思うけど、そのときに、何ていうのかな、うーん……。恵まれている人、豊かな人、親の遺産とかで、うまくいっている人、親が偉《えら》くて、うまくいっている人、東京で成功している親のところに生まれた子とかいるけど、それを、あんまりうらやまないことが大事だよね。同時にね。

「自分が豊かになってから、豊かな人をうらやまない」っていうのは、できることではあろうけども、「貧乏なときに、（豊かな人を）うらやまない」っていうことは、非常に大事なことだろうと思うんだ。

今、大学の先生とかでも、給料が安いので参っているのが、ほとんどだよね。大学院に行っても、オーバードクター（博士号《はくしごう》を取得したのに就職できないでいる人）みたいになって就職できないのがいっぱいいて、「講師で雇《やと》われても、時間当たり（の賃金は）、たぶん、学生アルバイトよりもすごく安い」とか言ってますよね。「生活はとてもできん」とか言ってるし。

まあ、そういうことはあるけど、頭の動いてる方向を、もうちょっと、よく見たほうがいいと思うんだよ。

今の学問のあり方がね……。だから、私なんかは、林学《りんがく》をやったり、あるいは、経済学とかを勉強しても、実際に、国の発展に役立てようとした。林学なり、造園学なり、公園学なり、蓄財学《ちくざいがく》あるいは経済学を使って、それを実践に移して、国を豊かにしようとしたけども、今、勉強してる人たちは、そういう志《こころざし》を持ってるのかどうか、一回、チェックしなきゃいけないね。

要するに、頭がよかったかどうかだけを言ってる可能性があると思うんだよ。「俺は試験に合格した。難しい大学の試験に合格した。大学院に受かった。あるいは学校の成績がよかった。なのに、給料が安い。勉強できなかったやつのほうが、民間企業に行って、こんなに儲かっとる。株で儲けたやつがおる。けしからん」とか言うて、それで、「あいつは、とっ捕《つか》まえてやれ」とかいう思いもあると思うんだけども、学問自体のなかに、もう一つ、何ていうかねえ……。

今の学問ってさあ、要するに、「何か、いろんなものから引用してきて、並べて、くっつけて、ワーッと文章をつくる」っていう論文の作法を一生懸命教えてくれる。

大学も大学院も、論文をつくる作法を一生懸命言って、人から文句を言われないような作法ばっかり言ってるけど、「これが何を生み出すのか」のところが問われてないんだよな。いったい何のために、それをやっているのか。

論文は、いろんな人が書いた本を切り抜いて、つなげて、自分の文にしただけでは駄目で、「そんなもんを全部取り去ったあとに、何か言いたいことがあって、その言いたいことを実現したら、世の中が何らかの進化・進歩をするのかどうか」が大事なんだ。これが入ってなかったら、いくら労力をかけて、時間をかけて、お金をかけて勉強したところで、何も生んでないんですよ。世の中で富を生んでないんですよ。

学問とは、未来に向けて答えを見つけるもの

本多静六　おたくでも、この前、大学生が言ってたようだけども、大学で国際関係論の授業を聴いたら、先生が「国際政治って分からないんですね」って、授業

で最初から教えてるんじゃあ……。

分からない人が教えて、どうするんだ！　どうすべきかを教えてくれなかったら、何十年も勉強した先生の意味がないじゃないですか。その学問は全然役に立たないんですか？

今、国際政治はすごく流動してるよね。アメリカ側に付くのか、それとも中国側に付くのか、やってるでしょう？　わしは、最近のことだって、ちゃんと見とるんだからね。

中国の習近平《しゅうきんぺい》さんが、「アジアの平和は、アジアで守る」とか言ってるけど、これを論破《ろんぱ》できないようじゃ、やっぱり、話にならないよ。「おたく（中国）が原因で、みんな騒《さわ》いでるんですけど、分かってるんでしょうか」って言い返せないような学者やマスコミ人なら、専門家とは言えないね。

その原因は何かというと、要するに、「過去に書かれた他人《ひと》の本を集めてきて、つなげて、論文を書いて、提出して、学位を取りました」ということが、何も生んでないからなんです。

昔のことを書いても、今はどうするの？　これからどうするの？　役に立たなかったら、学問には、生産性・付加価値がないんだよ。「未来に向けて、答えを見つける」、あるいは、「問題を提起し、発見していく」というものがなかったら、学問じゃないんですよ。

「『何もしない。要するに、失敗しない。間違わない。失言しない。とにかくボロを出さない。これさえしていれば、安泰《あんたい》だ』みたいな学者だったら、教授になれて、名誉教授になれる」みたいなシステムをつくったら、駄目だ。

やっぱり、「いったい、どれだけ世の中の役に立つことを学問的に発信したか」、これがなきゃ駄目ですよ。

例えば、国際政治で言えば、「習近平中心か、オバマ中心か、安倍さん中心か、どうしたらいいのか」について意見が言えないような学者は、やっぱりねえ、給料が安くたって、しょうがないじゃない。タダでも文句は言えないでしょう?「借金しながら生きていきなさい」って、「家で畑を借りて農作物をつくり、それを食べながらやりなさい」って言いたくなるよね。

6　家庭円満への本多静六流アドバイス

高学歴の女性が職業で成功したかったら、どうすればいいか

吉川　今日のテーマは「人間にとって幸福とは何か」ですが、本多先生は、ご生前、「人生で最大の幸福は、家庭生活の円満と、職業の道楽化《どうらくか》にある」とおっしゃっていますので、ぜひ、家庭生活の円満についてもお伺《うかが》いできればと思うのですが。

本多静六　女性論も入るよなあ、それを言うんだったら。

吉川　そうですね。本多先生が生きていらした頃《ころ》とは違って、今は、女性もかなり社会進出をしていて、結婚しない女性も増えています。

本多静六　そうだな。ここは大きな問題だな、次な。

吉川　はい。

本多静六　家庭の円満……、まあ、それは、ちょっと難しいところはあるけどなあ。お互い、相手の気持ちは、ほんとはよく分からないから（笑）。

わしは、成功したって言っても、うーん……。この世的には、ある意味では、傑物《けつぶつ》ではあろうが、怪物《かいぶつ》でもあろうし、奇人・変人でもあろうからして、相手する人も大変ではあろうと思うな。世間の常識をぶち破った、破天荒《はてんこう》な人間の相手をしてるほうは、そうとうの雅量《がりょう》がないと、無理は無理だろうと思う。

だから、家庭の円満を説く力が、わしにあるかどうかは、ほんとは、ちょっとあれなんだが。

まあ、相手も破天荒な人だったので、明治時代の女医さんみたいな、めったにないような方だったので、受け入れてくれたところもあって、感謝はしとるけどな。感謝はしとるが、何ていうかなあ、うーん……。まあ、わしは進んでるんだよ。

明治時代に、いわゆる職業婦人？　「結婚できんぞ」と言われるような〝あれ〟だなあ。シーボルトの娘（日本人女性初の産科医）以下、結婚できない女医さんたちは、今でも続いてるよ。今だって、そうだよ。「医学部なんか行って、結婚できると思うとるんか」っていうところはありますよなあ。

（女性で）医者になった。「（結婚）相手は」って？　医者だから「医者だ」と思うかもしれないけど、結婚はそう簡単にしてくれないよ。だって、自分の世話をしてくれないからね。両方とも忙しいんですからねえ。それは困っちゃうよな。だから、家庭円満は、そう簡単にはならないところがある。

ただ、わしが、そういう才能のある女性を認めてたのは事実だな。

ちょっと申し訳ないが、貧富の差が少し出はするけれども、まあ、職業婦人で金を儲けるのなら儲けて、夫婦を合わせた収入合計が多ければ、今は「お手伝い」っていうのはなくなってきたのかもしれないけれども、「そのぐらい（雇《やと》っても）別に構わない」っていう方もいらっしゃるからねえ。そういう人手を多少使わせてくれるぐらいの経済的余力がないと。みんな平等にしてしまったら、優秀な女性が職業婦人として活躍するっていうこともできないとは思うよ。

場合によっては、アジア圏・アフリカ圏等から、「日本語を勉強して、日本で働きたい。メイドでも構いません。雑用でも構いません。それでも、ふるさとの国で働く十倍、百倍の収入にはなります。だから、日本で、掃除《そうじ》でも洗濯でも家事でも手伝いでも何でもします」というような人を入れてやったらいいんだよ。ほんとに、高学歴の女性が職業で働きたかったら、やっぱり、手伝いがないと、無理は無理だと思う。

将来、人間並みのロボットができるなら、ちょっと違いがあると思うけど、現時点では、ワークシェアリングか何《なん》か知らんけども、「家事を夫婦で折半《せっぱん》してやる」とかやってるね。だけど、夫のほうも優秀な相手だと、家事負担がいっぱい載《の》ってくるようでは、男だって、自分の職業に百パーセント全力投球はできんから、そういう意味では、厳しいことにはなる。それで、すぐ離婚になることがあるので。

家庭円満の秘訣《ひけつ》は「清濁併《せいだくあわ》せ呑《の》む」雅量《がりょう》にある

本多静六　まあ、家庭円満の秘訣《ひけつ》は、そう簡単に言いかねる面はあるんだけど、そんな簡単に方程式はないから、できるだけ、お互い男女共に、器量を大きくするっていうか、器を大きくする努力をしたほうがいいな。ある程度、家庭円満でいきたかったら、「清濁併《せいだくあわ》せ呑《の》む」っていう雅量《がりょう》を、男女共につくらないと駄目《だめ》だと思うよ。

「結婚のときの約束と違う」とか、「出世したためにこうなった」とか、「帰りが遅くなった」とか、「単身赴任《ふにん》になった」とか、「外国へ行かされた」とか、「子供の勉強のためにどうだった」とか、いろいろなことがあろうと思うけども、やっぱり、「清濁併せ呑む」ところがないと。うん、「濁」も呑めないとあかんと思うな。

それなくして、家庭円満、要するに、「誰が見ても、もう崩壊《ほうかい》のしようがない、まことに理想的な家庭がつくれるか」といっても、そう簡単にはいかないと思う。（夫婦の）それぞれが自己実現を目指してやってたら、やっぱり、それを支える部分が必要になってくるので、会社の部下みたいなのを雇う場合もありえるとは思う。

優秀な女性になってきたら、奥さんの役を頑張る人もいるけどね。（仕事も家庭も）頑張ってやってる方もいるけども、それは、よっぽど優秀な方だ。ほんとによくできた方はいて、「鑑《かがみ》」みたいな方はいるけども、実際は、職業上、男と競争するのだって大変なんだからね。「それで、さらに奥さんの役までする」って、これは、ただごとではない努力は要ると思うよ。

ナポレオン睡眠で頑張るぐらいやらなかったら、そんな、やれるわけがないよ。

普通の女性で、奥さんの役を十分やりながら、職業としても頑張って、すごいところまでやるなんて、そんな簡単にできることではないと思う。

だから、この世的に利用できるものは、上手に利用しなきゃいけないけども、最後は「器の大きさ」だと、わしは思うな。器の大きさで、どっちの〝洗面器〟が大きいか、お互い競争するぐらいまでいかなかったら、家庭円満なんてありえないと思う。

綾織　ありがとうございます。

7 過去世《かこぜ》と今後の転生《てんしょう》について

あの世では、七福神《しちふくじん》のなかの「福禄寿《ふくろくじゅ》」という役職

綾織　最後に、本多先生ご自身のことついてお訊《き》きしたいと思います。大川総裁より、「本多先生は七福神《しちふくじん》のお一人で、福禄寿《ふくろくじゅ》である」と明らかにされています（『幸福への方法』〔幸福の科学出版刊〕参照）。これは……。

本多静六　うーん。いや、これは役職名だな。「七福神」っていう人がいるわけ

でないから、役職名だよ。

綾織　ああ、なるほど。

この世での人生の経験としては、過去、どのような経験をされてきたのか、非常に関心があるのですが、いかがでしょうか。

本多静六　そう言うと、急に宗教になってくる感じが……。

綾織　いいえいいえ。今日はすでに、宗教的なお話を十分に頂きました。

宝船に乗った七福神。左から三番目が福禄寿。

本多静六　そうかい。わしは、この世的に成功する方法を一生懸命説いたつもりだ。

綾織　はい。そのバックボーンがしっかりとあるということも、今回、分かりました。

本多静六　そのへんで百万部が突破できないと、ほんと困るんだけどなあ。

綾織　頑張ります。

本多静六　これ（過去世《かこぜ》の話）を入れて、「ああ、やっぱり、おたくのいつもの十八番《おはこ》だなあ」と思われると、ちょっと困るんだけどなあ。

綾織　百万部、頑張ります。

本多静六　ええ？　もうちょっと、百万部売れるような質問をしてくれないと、売れんだろう？

江戸時代、「三井」という名前で生まれたことがある

綾織　いろいろ明らかにしていただけると、グッと伸びるかと思います（笑）。

本多静六　うーん……。

気質的に見りゃあな、時代を変えれば、太閤秀吉《たいこうひでよし》みたいな感じの気質だろうとは思うよ。立場を与えられたら、ああなると思う。あんな感じにはなると思うので、まあ、一代で何かを築くような性格だと思うね。

一代で、何かを始めて、ゼロからつくり上げていくような感じになると思うし、まあ、年齢が近いからありえないけども、欧米《おうべい》で言えば、近代の大財閥《だいざいばつ》になったような人たちみたいな〝あれ〟かなあ。

江戸時代ぐらいだったら、やっぱり、あれだよ。日本の財閥のもとになったような人みたいなので、生まれてみたかろうなあ。

綾織　実際、そうなんですか。

本多静六　まあ、そうかもしらんなあ。ハハハハ。

綾織　そうですか。

本多静六　今、合併《がっぺい》がだいぶ進んで、ちょっと、ややこしくなってなあ。

綾織　名前が遺《のこ》っていない会社ですか。

本多静六　ちょっと、残念だけど、うーん。
まあ、「三井何とか」という名前で生まれたことはあるよ。

綾織　先ほど、「一代で何かを築く性格」とおっしゃいましたが、その意味では、三井の初代になるわけですか。

本多静六　ハハハハ。

綾織　なるほど。

本多静六　いやあ、ハハハハハ。
まあ、大丈夫か？　こんなことになったら、あんたねえ、銀行が逃げるぞ。いや、銀行からも富《とみ》をちゃーんと吸収せないかんなあ。銀行が、「幸福の科学さん、一兆円ぐらい使ってください。もう利子《りし》は要《い》りません。返さなくていいですよ。永久債《えいきゅうさい》です」と言って、（札束《さつたば》を叩《たた》きつけるようなしぐさをしながら）バーンっていう感じでねえ。もう、そのぐらいにならな、いかんのだけどなあ。ほんとなあ。

綾織　〝三井の初代〟のお言葉として、伝えさせていただきます。

本多静六　まあ、そんな人もおったなあ。

古代ローマでは、コロッセウムをつくった

綾織　日本以外にも生まれておられますか。海外にも……。

本多静六　そらあ、造園、公園、林業をやってるあたりから見たら、なんぞ、こういう巨大なものをつくったりするのが好きそうな感じは、しないことはないでしょう？

うーん。ローマで、あの、ばかでかいコロッセウムか何《なん》かをつくるのを、やったような気がするなあ。

綾織　ローマで、都市計画のような仕事を？

本多静六　うん。やったような……。あれ、東京ドームかね？　今で言やあな。

綾織　お立場としてはトップなのでしょうか。あるいは、専門的なお仕事だったのでしょうか。

本多静六　皇帝ではなかったような気がする。だから、（建築を）任されたって

コロッセウム（イタリア・ローマ）

いうことかなあ。まあ、そういうのをやったし、昔は、昔なりに、やっぱり仕事はあったからさあ。

ヘルメス神《しん》に財務的な方面でお仕《つか》えした

本多静六　オランダの港には、※ヘルメス神《しん》の像があって、鶏《にわとり》を連れ、片手に砂金《さきん》袋《ぶくろ》か何かを提《さ》げて建ってるよ。ずいぶん、えげつない。まあ、〝一橋《ひとつばし》大学〟みたいなえげつなさで、建っておるけども（注。一橋大学の校章はヘルメスの杖《つえ》。綾織は一橋大学卒）。

綾織　（笑）いや、まあ、ちょっと。

※四千三百年前のギリシャに実在した英雄。「愛」と「発展」の教えを説き、全ギリシャに繁栄をもたらし、西洋文明の源流となった。エル・カンターレの分身の一人。

本多静六　でも、ヘルメスが、農家から鶏を買いつけたり、砂金袋を集めたりするのは、失礼に当たるよ。神様がねえ。やっぱり、それをする人は必要だろう?

綾織　あっ、なるほど。

本多静六　なあ?　だから、まあ、そういうお手伝いをしたことがある。わしは、ヘルメス神にお仕《つか》えしたことがあるんだ。古代で。

綾織　ヘルメス神の時代にいらっしゃったわけですね?

本多静六　うんうん。だから、今も手伝う気はあるんだ。ヘルメス時代には、〝砂金袋〟と〝鶏〟の両方を持ってくる係をやっとったからなあ。

宇田　財務的なことをされていたわけですね？

本多静六　うん。やってた、やってた。

（宇田に）君も、ちょっと素質あるよ。ちょっと頑張らないかんなあ。

あと、現代、説いておかないかんのは、利殖《りしょく》だろ？　利殖なあ。今は、ほんと不透明な時代だから。

昔は、値上がりするものが、ある程度、見えたね。はっきり見えたところがある。山林だろうが、鉄道だろうが、値上がりするものが見えたのは見えたし、「産業で今後、何が要るか」というのは見えたから、株とかで上がるものは見えて、利殖はできたんだ。それでも、やっぱり、世界大恐慌《だいきょうこう》みたいなことが起きたり、敗戦が起きて、株が紙切れになるみたいなことはいくらでもあったから、まあ、そういうリスクはいつもあるんだよ。

あるんだけども、承知の上で、財産分割法で、やっぱり、「一部は、将来性の高いものに少し取り分けて、投資をかけていく」ということを考えなきゃいけない面もあると思うよ。

全部が全部、銀行に置いときゃいいとも限らないと思う。銀行が潰《つぶ》れたこともあるからねえ（笑）。まあ、そういうこともないわけじゃないので、一部は、ほかのものに換えといたほうがいいと、わしは思うな。

本多静六が現代に生まれていたら、何に未来投資をするか

宇田　本多先生は、現代社会に非常に精通されていますが、今、地上に生まれて

いるとしたら、どういう方面に未来投資をされるでしょうか。

本多静六　現代の未来投資だったら、うーん……。やっぱり、いちばん大きなのは「人口問題」と「宗教対立」、それから「戦争の問題」と「宇宙事業」のあたりが非常に問題はあるな。それから、戦争のところは、食糧や資源の争奪戦《そうだつせん》の問題等にも絡《から》んでくるから、いろんなものを解決せないかんと思うな。

中国だって、あの国を平和にしようとしたら、もうちょっと、なかで食《く》っていけるようにしてやれば、平和になるんだけどな。自分の国のなかでうまく回っている分には、外には出ない国なんだけどね、もともとは。つまり、外に出るっていうのは、「イナゴの大群《たいぐん》になっとる」っていうことなんだよな。

それで危険になっとるから、ほんとは、やつらにも「富のつくり方」を教えてやらないかん。殖産興業《しょくさんこうぎょう》をもうちょっと教えてやらないと。ちょっと下手すぎるんだよ。本多式殖産興業を、ちょっと、やらないかんかな。「ＰＭ２・５、飛ばすなよ」って（笑）。あれは、やっぱり間違ってるんだと思うよ。わしみたいな人間がおらんから、そういうことが起きるんだ。公害だらけになって。あれ、すごい最後が来るよ。しっぺ返し？

公害産業をいっぱいやって、川はもう赤茶色の水が流れてて、あんなので洗濯して、一緒にご飯を炊いて、どうするんだよ？　これから、ものすごい被害が出てくるよ。（ＰＭ２・５等は）外国にまで来るし。

原発だって、日本のを言っているが、中国の原発なんていう、あんな恐ろしいものこそ解体したほうがいいよ。あっちのほうが、よっぽど怖いわ。

中国の新幹線なんか、外国に売らんでほしいよ。もう、どんな事故を起こすか分からない。ねえ？

日本は、もうちょっとねえ、「いいものはいい」と外国にＰＲして、頑張って売らないといかんと思うな。

要するに、「燃料問題」「食糧問題」「資源問題」等の解決は極めて大事で、それから、「宇宙空間への進出」は、未来産業としては非常に大事な問題だと思う。

「富のつくり方」をイスラム圏にも教えたい

綾織　先ほど、「富のつくり方を中国に教えてやらないといかん」とお話しされましたが、もしかして、これからその仕事をされる予定でしょうか。あるいは、もうすでにされているのでしょうか。

本多静六　そりゃあ、神のお心を推《お》し量《はか》ることは、ちょっと難しいから、知らんけどさあ。

中国だけでないでしょう？　幸福の科学の考えは、よう分かっとるけどさあ、イスラム圏だって、解放せなあかんのだろ？

綾織　はい。

本多静六　中世では、すごく進んどったのにさあ。今は、もう原始人化しとるところが、だいぶあるだろうが。※ナイジェリアで、女の子を二百人も森林のなかへさらって、何だ、あの〝原始人の蛮族《ばんぞく》〟は？　あれ、文明化しないといかんな。

綾織　そういうお仕事の予定はありますか。

本多静六　ああ、やっぱり……、いや、考えたいとは思っとるが。

※2014年5月、ナイジェリアで、イスラム過激派が200名以上の女子生徒を拉致する事件が起きた。

綾織　考えたい？

本多静六　だから、イスラム教は、特に、今問題になっている女子教育をしないし、女子を「財産だ」と見て、隠して、牛や馬と同じ扱いをしておるし、顔は隠してファッションもさせないし、これは、かわいそうだよ。大改革をやらないかんので、押し流さないかんけど、思想的には、もう（幸福の科学から）出ているので、これを媒介《ばいかい》するのは、たぶん幸福の科学だろうな。

だから、なんか、一助《いちじょ》になりたいとは思うとるなあ。

綾織　登場いただけるのであれば、非常にありがたいと思います。

本多静六　あんたのところの大学の学長とか理事長に、ちょっと、力が足りんような気がするからさあ。何だったら、わしも、どっか、いいところを選んで、生まれてこようかいな。

宇田　お待ちしております。

本多静六　どっか引き受けてくれんかなあ。

綾織　引き受け手はたくさんあると思います。

本多静六　米つきやるところがいいなあ。

綾織　（笑）今回はもう少し環境がいいところは、どうでしょうか。

本多静六　うーん。虫を食べとるおっさんのところとかは、ちょっと、避けたいなあ。もうちょっといいところがいいけど。

綾織　（笑）はい、分かりました。

本多静六　そんなに豊かなところを選ばんでもいいとは思うが、ちょっと、手伝ってやりたい感じはあるなあ。

綾織　ありがとうございます。

本多静六　ちょっと、あとが心配だからさ。「未来の事業をつくる」「世界に植林していく」ぐらいの気持ちっていうかなあ。うーん。富を植え付けていくことが大事だと思うな。まだまだねえ、世の中、捨てたもんじゃないよ。まだ改善できますよ。もっともっとよくできますよ。

綾織　はい。

仏教との縁《えん》は、「釈尊在世中《しゃくそんざいせ》」と「ナーランダ寺院の頃《ころ》」と二回ある

吉川　すみません。もう一つだけお訊《き》きします。先ほど、「ヘルメス様のお手伝いもされていた」とおっしゃっていました。

「四分の一天引《てんび》き法《ほう》」は、もともと、お釈迦《しゃか》様の教えですが、本多先生は、お

釈迦様とのご縁《えん》もあったのではないでしょうか。

本多静六　お釈迦様のときにご縁があるとしたら、そらあ、在家としてはあるかもしれないね。在家には、寄進《きしん》した人がだいぶいるからね、仏教教団も。

まあ、在家では、存在したかもしれません。まあ、そんなに偉《えら》い方ではないかもしらんけれども、在家で寄進したことぐらいはあったような気がするな。

二回あるような気がする。お釈迦様の時代と、あと、お釈迦様の教団が後世に遺って、ナーランダで寺院をつくった頃にも。

ナーランダ寺院跡（インド・ビハール州）

綾織　ああ、そうですか。

本多静六　わしは、なんか、あのとき、利殖法《りしょくほう》を教えた覚えがあるんだな。要するに、「農家から穀物《こくもつ》をいっぱいお布施《ふせ》でもらうけど、全部食べてしまわないで、一部を種籾《たねもみ》にして残して、それを、ほかの種籾がないところに貸し付けて、そして、利殖して、また戻してもらう」みたいな、利子を取る考え方をやって、ナーランダ学院で自給自足ができるようにした。

今の銀行でも、金利が高いときには、利息だけで、不労所得だけで食っていけた時代があったよな？　年を取ったら、貯金をしてたら、五パーセントか六パーセント利子があったら、もう、それだけで十分、年何百万も収入があって、食べていけた時期があるだろ？

あんなような感じで、托鉢《たくはつ》して回らんでも……。一万人もいたからねえ、学生《がくしょう》が。

宇田　スカラシップ（奨学金）の元祖のようなことをされたんですね。

本多静六　うん、そうそう。

だから、「お布施を受けたもの、全部、食っちゃあ駄目なんだ」と。「一部を取り分けておいて、全部食べてしまった農家とか、そういう種籾がない農家に貸し付けて、そして、翌年、それが実ったとき、その一部を利子としてもらう」っていうような仕組みをつくって、それで、一万人ぐらい食っていけるシステムをつくったんだよ。

宇田　すごいですね。

本多静六　で、〝生協食堂〟もつくったんだ。

宇田　ああ、そうですか（笑）。

本多静六　それ、わしなんだ。だから、そこでは、（宇田を指して）お世話した……。

宇田　ありがとうございます。

本多静六　……か、お世話になったか分からんけども、両方、お世話したし、お世話になった。

宇田　ああ、ありがとうございます。

本多静六　一万人まで受けたんだからさあ。君らは、一万人食えたら、けっこう大きくなるだろ?

宇田　はい。

本多静六　どうだ? 今だったら、「一万人、食おう」と思ったら……。

宇田　ええ、総合大学になります。

本多静六　うん？　経済規模的には、うーん……、やっぱり、（今の）少なくとも数倍はないと、一万人は食っていけんだろう？　坊さんがなあ。

宇田　はい、そうです。

綾織　将来を期待して、お待ちしております。

今は、生まれ変わるための〝里親《さとおや》〟を探しているところ

本多静六　（吉川を指して）君ぃ、編集局長をやりながら、どうするんだよ？　結婚するのか、しないのか。え？

吉川　（笑）（会場笑）いや、分からないです。

本多静六　別に、結婚しないでも、子供だけ生むっていうのもあるんだよ。

吉川　そ、そうですか。

本多静六　うん。わしの本を出した功徳《くどく》により、わしが子供で生まれるっていう手も、あることはあるんだよ。え？

吉川　あっ、はい。

本多静六　いや、こんなことを言ったらいけないかな。まずいか？　〝野獣《やじゅう》〟がいっぱい襲《おそ》いかかってくるかなあ。

いやあ、わしも、今、〝里親《さとおや》〟を探しとるところなんだ。どっかいいところ、ないかいのう？　なんか協力したいなあ。

綾織　ありがとうございます。

本多静六　ちょうど、今、大川総裁が生きていらっしゃる間は、たぶん大丈夫だろうと思うんだよ。そのあとが心配だからさ。そのあたりで、教団が拡張しても潰《つぶ》れないようなシステムをつくる人が、出とらんといかんのじゃないかなと思ってさ。ちょっと気にしとるんや。

もし、「ぜひとも、〝本多静六再誕《さいたん》祈願〟とかつくりたい」っていうんだったら、まあ、考えんでもないかなあ。この本がよう売れたら考えてみるわ。

宇田　分かりました。ありがとうございます。

綾織　本日は、新しい努力論を、また、無限の富の教えを頂き、ありがとうございました。

本多静六　うん。まあ、しっかりやりたまえ。

8　幸福の科学大学[※]は「未来をつくる大学」だ

本多静六の説く精神を忘れなければ、道はいくらでも拓《ひら》ける

本多静六　あのねえ、君らの出している、説法や、(『本多静六の努力論』を手に取って)この本とかは、今、日本人は、まだ値打ちが一パーセントも分かっとらん感じがするので、もっともっと多くの人に読まれて、聴かれて、勉強してもらいたい。これはねえ、共有しなきゃいけないよ。

だから、本多静六の話を聴く、あるいは、本にして読む。(『本多静六の努力

※幸福の科学大学(仮称)は、2015年開学に向けて、設置認可申請中です。
構想内容については、変更する場合があります。

論』を手に取って裏を見る）これ、定価、なんぼつけた？　千二百円！　安すぎる！

綾織　すみません。

本多静六　この一冊は、一千二百万円では足りん！　もっと値打ちを生んどるもんだ。

今の話（本霊言のこと）だったら、一億二千万円ぐらい払って聴いてもいいぐらいだ。もう、これさえ聴いとりゃあ、どんなど田舎《いなか》で生まれて、勉強しても、いける。

今はねえ、高校までは無償教育で行けるんだよ。だから、あとは、もう頭さえしっかりしとりゃあ、奨学金をもらってアルバイトしてでも、大学だって行けるし、留学だってできないことはないんだから、道はいくらでも拓《ひら》けるんだ。俺の精神だけ忘れなきゃ、あとはいくらでも拓けるんだよ。

幸福の科学大学は、「百人の〝本多静六〟を出す」ことを目指せ

本多静六　だから、〝本多静六〟をいっぱいつくりたいけど、少なく見積もって、「百人の〝本多静六〟を出す」という計画を立てれば……。まあ、幸福の科学大学からでもいい、「百人、〝本多静六〟を出す」となったら、人類の富《とみ》はすごく大きくなる！　目指しなさい！

宇田　はい。

本多静六　これはもう、精神なんだよ！

ほんとにもう、一条、一転語《いってんご》、心掛け、人生訓一つ、心に刻んで、それを持ち続けること。何十年間持ち続けることができれば、それは可能なんだよ。

そして、生涯現役《しょうがいげんえき》！　最後まで働く。

人ができないことを時代に先《さき》んじて、やってのける。目が覚《さ》めるようなことをやってのける。全部、先見性だな。

でも、すべては努力の賜物《たまもの》なんだよね。進んだ知識を取り入れて、未来を拓くことが大事だよ。

だから、大学は、未来に開いてなきゃ意味ないよ。今あるようなものをまねたって、百年前につくった大学をまねたって、何《なん》の意味もない。

幸福の科学大学（仮称・設置認可申請中）の完成イメージ図

要するに、これからの時代をつくっていく大学でなきゃいけない。これからの時代をつくっていくために、大学をつくるのであって、「今ある大学のなかへ参入して、薄い利益を食《は》もう」なんていう考えだったら、そんなケチくさいんなら、やめといたほうがいい。

宇田　はい。

本多静六　明治時代からあとにつくられた、百年以上の（歴史のある）有名な大学もいっぱいあると思うけども、そんな大学のどこへ行ったって学べないようなことをやらないと駄目《だめ》だな。

だから、未来をつくる大学だ。日本の、世界の未来をつくる。うん。「宇宙人まで救ってやりたい」っていうぐらいの大学をつくらなあかんな。

綾織　はい。その大学で〝お待ち〟しております。

国民に「何が値打ちがあるか」を教え、啓蒙《けいもう》せよ

本多静六　「ザ・リバティ」も、いい雑誌やのに、あの程度しか売らんとは情けない。まあ、情けないわ。

綾織　すみません。頑張ります。

本多静六　君ねえ、上級理事なんていうんだったら、最低三百万部ぐらい売れよ。

綾織　はい。

本多静六　ええ？　その程度は売って、世の中をちょっと震撼《しんかん》させないと。インチキな週刊誌がいっぱい売れてるじゃない、何十万部も。けしからんのや。もっと啓蒙《けいもう》せないかん。啓蒙が足りとらん。

綾織　三百万部を目指して頑張ります。

本多静六　ああ、いかんな。もっとやらないかんね。ガンガンいかないかん。もう一段いこうよ。

綾織　はい。

本多静六　要するにね、「何が値打ちがあるか」を教えなきゃいけないんだ。みんな、くだらんものに、いくらでも金を使ってるんだ。くっだらない！

ケータイの買い換えを毎年するなんて、そんなもん、くっだらねえことで、おまえ、(『本多静六の努力論』を手に取って) この本一冊買ったほうがどれほど役に立つか、分からないよ。ほんとそうですよ。

惜しいね。千二百円で、これ、何冊出たの？　一万冊売ったかあ？

吉川　まだ……。

本多静六　ほれ、見てみい！

吉川　すみません。

宇田・吉川　これから頑張ります。

本多静六　薪《たきぎ》の代わりにこれを背負って、暇《ひま》な職員に〝ランドセル〟を背負わせて、これを売って歩かせなさい。そのくらいやらんと。

そう。君らの熱意が足りんから、十分にマーケティングができとらんのだ。「本当に大事なもんだ」と思えば、売れるんだ。しっかり、もうちょっと、やんなさいよ。

宇田　分かりました。

本多静六　まだまだ足りとらん。宗教としては、やっぱり、性根《しょうね》の入り方が足りとらん。もっと頑張れや。うん。

質問者一同　はい、ありがとうございました。

大川隆法　はい（手を二回叩く）。

大変参考になり、元気が出る意見でした。ありがとうございました。では、以上です。

あとがき

「価千金《あたいせんきん》」とはこのことか。青年時代に本書一冊を読んだ人とそうでない人には天地ほどの差が出るだろう。誕生日プレゼントや入学・進学・卒業プレゼントに両親や祖父母からぜひすすめてほしい本である。本書を読むだけで資本主義・自由主義・民主主義の良いところがすべてわかるようになる。

今、全世界が護送船団《ごそうせんだん》方式の「グローバル社会主義」に向かいつつある中、「知的ドンキホーテ」を数多く出現させる必要があるのだ。「逆境の乗り越え方」「富の引き寄せ方」「家庭円満の秘訣」「仕事に対する気の持ち方」どれをとっても、人生で新しく生まれ変わるために必要な考え方だ。

実際に成功した人に成功論を聞くことほど役に立つことはない。また「生涯現役人生《しょうがいげんえきじんせい》」を考える上でも絶好の参考書となるだろう。人生百二十歳計画を立てていた本多博士の気概に私も学びたいと思う。

二〇一四年　六月六日

幸福《こうふく》の科学《かがく》グループ創始者兼総裁《そうししゃけんそうさい》
幸福《こうふく》の科学大学創立者《かがくだいがくそうりつしゃ》　大川隆法《おおかわりゅうほう》

『人間にとって幸福とは何か』大川隆法著作関連書籍

『幸福への方法』（幸福の科学出版刊）

人間《にんげん》にとって幸福《こうふく》とは何《なに》か
—本多《ほんだ》静六《せいろく》博士《はかせ》 スピリチュアル講義《こうぎ》—

2014年 6月20日　初版第1刷

著　者　　大《おお》川《かわ》隆《りゅう》法《ほう》

発行所　　幸福の科学出版株式会社

〒107-0052 東京都港区赤坂2丁目10番14号
TEL(03)5573-7700
http://www.irhpress.co.jp/

印刷・製本　株式会社 堀内印刷所

落丁・乱丁本はおとりかえいたします

ISBN978-4-86395-485-4 C0030

Photo：時事通信フォト、時事、アフロ、毎日新聞社／アフロ、
© Katsuhiko Kato/a.collectionRF/amanaimages、© tatsuo115 - Fotolia.com

大川隆法 ベストセラーズ・「幸福の科学大学」が目指すもの

※幸福の科学大学(仮称)設置認可申請中

「現行日本国憲法」をどう考えるべきか

天皇制、第九条、そして議院内閣制

憲法の嘘を放置して、解釈によって逃れることは続けるべきではない——。現行憲法の矛盾や問題点を指摘し、憲法のあるべき姿を考える。

1,500円

未来にどんな発明があるとよいか

未来産業を生み出す「発想力」

日常の便利グッズから宇宙時代の発明まで、「未来のニーズ」をカタチにするアイデアの数々。その実用性と可能性を分かりやすく解説する。

1,500円

もし湯川秀樹博士が幸福の科学大学「未来産業学部長」だったら何と答えるか

※幸福の科学大学(仮称)設置認可申請中

21世紀の人類の課題解決のための「異次元アイデア」が満載! 未来産業はここから始まる。

1,500円

※表示価格は本体価格(税別)です。

人生に光を。心に糧を。

新・教養の大陸シリーズ

本多静六の努力論

人はなぜ働くのか

本多静六 著

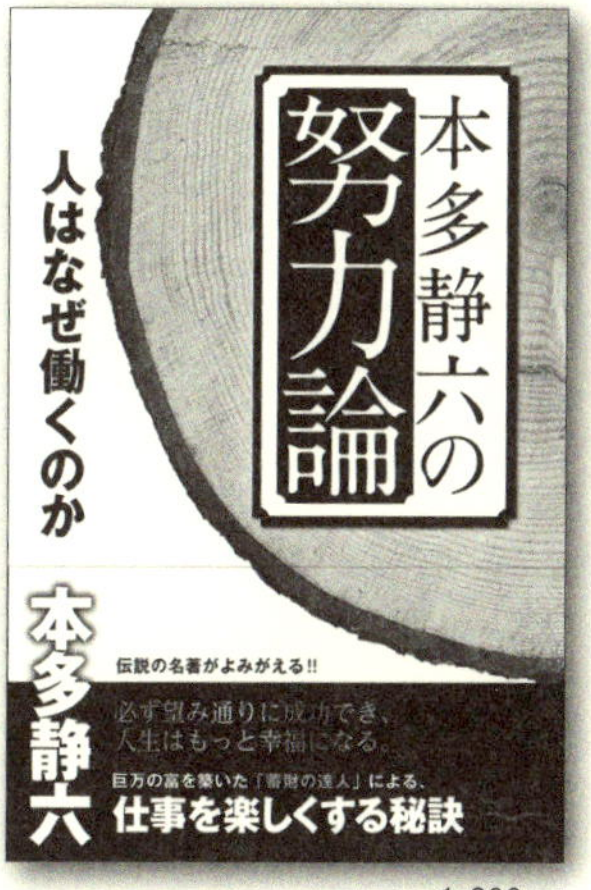

1,200円

日本最初の林学博士として、多大な業績を残し、一介の大学教授でありながら、「四分の一天引き法」によって、巨万の富を築いた本多静六。本書は、宇宙論から始まり、幸福論、仕事論、努力の大切さを述べた、本多思想の全体像をつかむ上で最適の一冊。

入会のご案内

あなたも、幸福の科学に集い、ほんとうの幸福を見つけてみませんか？

幸福の科学では、大川隆法総裁が説く仏法真理をもとに、「どうすれば幸福になれるのか、また、他の人を幸福にできるのか」を学び、実践しています。

入会

大川隆法総裁の教えを信じ、学ぼうとする方なら、どなたでも入会できます。入会された方には、『入会版「正心法語」』が授与されます。（入会の奉納は1,000円目安です）

ネットでも**入会**できます。詳しくは、下記URLへ。
happy-science.jp/joinus

三帰《さんき》誓願《せいがん》

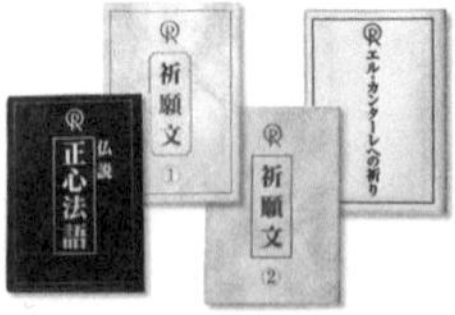

仏弟子としてさらに信仰を深めたい方は、仏・法・僧の三宝への帰依を誓う「三帰誓願式」を受けることができます。三帰誓願者には、『仏説・正心法語』『祈願文①』『祈願文②』『エル・カンターレへの祈り』が授与されます。

植福《しょくふく》の会

植福は、ユートピア建設のために、自分の富を差し出す尊い布施の行為です。布施の機会として、毎月1口1,000円からお申込みいただける、「植福の会」がございます。

「植福の会」に参加された方のうちご希望の方には、幸福の科学の小冊子（毎月1回）をお送りいたします。詳しくは、下記の電話番号までお問い合わせください。

月刊「幸福の科学」

ザ・伝道

ヤング・ブッダ

ヘルメス・エンゼルズ

INFORMATION	**幸福の科学サービスセンター** **TEL. 03-5793-1727**（受付時間 火～金：10～20時／土・日：10～18時） 宗教法人 幸福の科学 公式サイト **happy-science.jp**